둘이면서 하나인

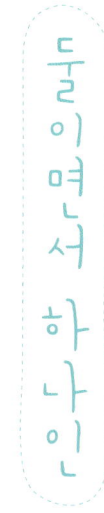

둘이면서 하나인

글·사진 고경원

행복한 커플 고양이들

안나푸르나

추천의 글

내가 고경원을 처음 알았을 때 그는 한 출판사의 '나는 탐닉한다' 시리즈 중 길고양이 편인 『나는 길고양이에 탐닉한다』를 냈다. 그 책에서 종로타워 앞 화단에 출몰하는 고양이들 사진을 보고 '거기 고양이가?', 신기해서 고양이를 보러 갔던 생각이 난다. 아직 내 고양이 세계가 한가했던 시절이었다.

불과 10년 남짓한 길지 않은 시간을 지나며 고경원이나 나나 고양이 세계에 점점 깊이 발을 들여놓게 됐다. 한 번 마음을 뺏기면 헤어날 수 없게 매혹적인 존재가 고양이인데, 그에 더해 '불과 한두 해 전에 찍은 사진 속의 고양이들이 대개 무지개다리를 건너 다시는 볼 수 없게 돼버린' 무참한 실태를 알게 돼서이리라.

길고양이를 찾아 나라 안팎의 섬, 도심, 상가, 주택가, 야산, 재개발 구역을 헤매 다닌 그의 발자취에 매혹과 애틋함이 묻어나는 사진과 글이다. 이런 사진을 어떻게 찍었을까 싶은 '결정적 순간'들은 우연이나 운의 소산이 아닐 테다. 때로는 그다지 깨끗하지 않을 길바닥에 포복 자세로 몸을 낮추고, 때로는 목이 아프도록 고개를 치켜들고, 숨죽이며 하염없이 지켜보는 시간이 무심하고 무구하게 공간으로 전화한 시공간이 응축된 한 컷, 한 컷일 테다.

고경원은 길고양이들의 어여쁨과 불안하고 슬픈 삶에서 그와 닮은 인생살이를 본다. 탐미적인 고양이 애호에서 나아가 삶의 고달픔, 그럼에도 불구하고 살아가는 존재들을 안타까워하며 응원하는 그의 변화가 서럽고도 미덥다.

황인숙(시인)

서문

길고양이를 찍기 시작한 2002년만 해도 나는 고양이와 함께 살 수 없던 때였다. '키울 수 없다면 길고양이 사진이라도…' 하는 사심에서 시작한 일이 15년째로 접어든다. 처음엔 고양이가 귀엽고 사랑스러운 마음뿐이었는데, 길고양이 세계로 다가갈수록 그 뒤에 숨은 고단한 삶이 보였다. 혹독한 환경에서도 치열하게 살아가는 고양이를 보면 경외심마저 느꼈다.

지금 이 순간에도 현장에서 길고양이를 돌보는 수많은 동물운동가와 캣맘이 있다. 그분들과 같은 방식으로 고양이를 위해 일할 수는 없을 것이다. 다만 사진 찍고 글 쓰는 사람으로서 할 수 있는 건, 한때 우리 곁에 살았던 고양이의 삶을 꾸준히 기록하고 잊히지 않게 남겨두는 일이라 믿는다. 그런 마음으로, 2003년부터 2016년 사이에 만난 7개국 40여 곳의 커플 고양이 사진을 엮어 다섯 번째 책을 낸다.

커플이라면 흔히 연인을 떠올리지만 사진 속 고양이들의 관계는 보다 다양하다. 느긋한 엄마와 낯가리는 아이, 갓 사랑을 시작한 연인, 말없이 마음 통하는 친구, 동네 아저씨와 겁 많은 꼬마, 함께 늙어가는 노부부, 집고양이와 길고양이…. 그들의 세계는 수많은 관계와 감정으로 이어져 있다.

'커플냥이 사진집'이지만 귀엽거나 익살스러운 모습만 담지는 않았다. 특별한 사건 없이 무심한 나날을 보내거나, 아프고 먹먹한 순간을 견디는 커플도 있다. 그리고 가끔 그런 고양이에게서 위로받는 사람들이 등장한다. 우리 인생이 매일 특별한 순간으로만 채워지진 않는 것처럼, 고양이의 삶 역시 슬픔과 기쁨, 심심한 나날과 놀라운 순간, 사랑과 이별이 교차한다. 사랑스러운 고양이 커플도, 애틋한 고양이 커플도 같은 마음으로 보듬어주셨으면 한다.

2017년 3월 고경원

고양이의 위로

○

아플 때 약을 먹듯이, 마음이 복잡할 때면 고양이 사진을 본다. 고양이를 만났던 장소마다 다른 빛깔의 따뜻함과 기쁨이 남아 있어서, 만날 수 없어도 사진에 남은 여운만으로 충분한 약효가 있다. 근심을 모르는 고양이의 선한 눈을 보면 날 선 마음도 둥글어지고, 솜털 아래 숨은 폭신한 발바닥을 상상하면 강퍅한 마음도 말랑해지는 것 같다. 은신처에 머물 때 안심하고 노는 고양이들처럼, 나도 고양이 숲에 마음을 기대어 평안을 얻는다. 그 위로의 맛을 한번 알게 되면, 아직 만나보지 못한 세상의 더 많은 고양이를 찾아 나서지 않을 도리가 없다.

아름답고 위험한 숲

○

동백섬 그늘에 몸을 숨기고 살던 형제는 해질녘이 되자 세상 구경을 나왔다. 바다 너머 보이는 빌딩숲은 멀리서도 화려하게 반짝였다. 유리창마다 점점이 쏟아지는 빛망울이 레이저포인터 장난감처럼 보였는지, 고양이들은 그쪽을 한참 동안 보고 있었다.

그 숲은 아름답지만 길고양이가 가까이하기엔 위험하다. 같은 숲이라는 이름으로 불려도, 고양이들을 말없이 품어 안는 동백숲과는 전혀 다른 곳이다. 하지만 아직 어린 고양이 형제는 그 사실을 모른다. 넓고 깊은 바다가 앞을 가로막고 있어서, 아무리 고개를 높이 들고 발돋움 해도 가까이 갈 수 없어서 차라리 다행이다. 멋모르고 화려한 그 불빛을 향해 달려들 일은 없을 테니까.

등을 빌려줄 사람

가족이 등을 맞대고 쉰다. 편했는지 한 녀석은 앉은 채 잠이 들었다. 나도 어머니와 함께 외출했다가 인간 등받이를 만들어본 적이 있어서 어떤 느낌인지 알았다. 무거운 짐을 들거나 오래 걸어 허리가 뻣뻣할 때, 어디든 등을 붙이고 싶은데 등받이 의자가 없으면 어머니가 등을 빌려주셨다. 등을 맞대고 앉아 있으면 어느새 허리가 곧게 펴지고 시원해졌다.

가족을 만든다는 건 선뜻 등을 빌리거나 빌려줄 사람을 얻는 일이다. 나 편하자고 상대의 등에 내 몸무게를 전부 싣지도 않고, 장난이라도 먼저 등을 빼지 않을 사람. 언젠가 싸우거나 실망할 날이 올 것을 알면서도, 그런 바람이 있기에 사람들은 새로운 가족을 만든다.

부르면 오는 고양이

고양이는 부른다고 흔쾌히 오는 법이 없다. 자기를 부르는 줄은 알지만 굳이 사람의 지시를 따를 필요가 없다고 여기기 때문이다. 만약 고양이가 불렀을 때 달려온다면 명령에 복종해서가 아니라 그 사람이 반갑고 좋아서일 뿐이다. 군산 경암동 철길마을에 사는 어르신 댁 고양이도 그랬다. 철길에서 둘이 뒤엉켜 뛰어놀다가도, 어르신 손짓 한 번에 종종걸음으로 와서 머리를 비벼댔다. 그들이 얼마나 깊은 유대감으로 이어져 있는지 알 수 있었다.

오랫동안 내 마음속 철길마을은 '부르면 오는 고양이가 사는 동네'였다. 하지만 재개발을 거치면서 이곳도 흔한 관광지가 되고 말았다. 사람도 고양이도 떠나간 자리에는 장사꾼만 남았다. 다시 만나기 힘들 두 고양이와 어르신 모두 무탈하기를 빈다.

발은 닮았네

○

종영한 개그 프로그램 중에 막장드라마를 패러디한 코너가 있었다. 엄마 역의 개그맨이 "난 친엄마가 아니란다" 고백할 때 객석의 반응은 시큰둥했지만, 곧바로 "내가 네 아빠다!" 하고 폭탄선언하자 웃음이 터졌다. 그런데 길고양이 동네에도 이런 반전이 심심찮게 있다.

얼마 전부터 아파트 화단에서 덩치 큰 길고양이가 어린 고양이를 살뜰히 돌보는 모습이 눈에 띄었다. 어린 녀석이 등에 달라붙어도 군말 없이 업어주고, 촐싹대면 꾸짖는 모습에 영락없는 모자지간으로 알았다. 한데 세탁소 아저씨 덕에 알게 된 첫 번째 반전. 큰 고양이는 친엄마가 아니었다. 두 번째 반전은 지나가던 아주머니 입에서 나왔다. 새끼가 엄마를 잘 따른다며 내가 대견해하니 그분이 "쟤 남자야" 하셨다. 길고양이는 혈연관계가 아니어도 대안가족을 이뤄 살곤 하는데 두 고양이도 그런 경우였다. 그래도 앉을 때 왼쪽 발 내미는 건 둘이 꼭 닮았네.

꼬리야, 육아를 부탁해

새끼들 젖 먹이고 놀아주느라 지친 엄마 고양이에게도 때론 보모가 필요하다. 사람이라면 아기 돌보미를 부르거나 가족의 도움이라도 받을 수 있겠지만, 고양이에겐 그것도 쉽지가 않다. 이때 엄마 고양이가 꺼내드는 비장의 무기가 꼬리다.

움직이는 장난감이라면 사족을 못 쓰는 어린 고양이에겐 꼬리만큼 좋은 장난감이 없다. 아직 키가 작아서 두 발로 일어서도 엄마 꼬리를 잡아채기엔 역부족이니, 꼬리를 높이 치켜들기만 하면 새끼와 놀아주면서도 체력을 비축할 시간을 버는 셈이다. 물론 꼬리를 높이 들고 흔드는 것도 힘들지만, 끊임없이 놀자며 달려드는 어린 것을 떼어놓을 방편으로 이것만 한 게 없으니 꼬리 보모의 도움을 받을 수밖에.

지붕애호가

고양이가 높은 곳을 좋아하는 심리는, 야생동물이었던 먼 옛날 나무에 올라 안전을 확보하던 습관이 오늘날까지 남은 거라고 한다. 정상 정복에 대한 욕망은 모든 고양이의 본능인 셈이다.

'서촌 고양이'라는 별칭으로 유명했던 노랑둥이 담양이와 젖소 무늬 이호도 수시로 지붕과 담장 사이를 오르내리며 놀았다. 지붕 위에 있을 때면 우쭐한 표정으로 아래를 내려다보곤 했는데, 자기 능력을 은근히 과시하는 듯한 그 표정이 그렇게 사랑스러울 수 없었다. 짧고 통통한 팔로 팔짱이라도 끼는 날에는 '심쿵사'라는 말이 왜 나왔는지 알 것 같았다.

떴다 비행귀

○

고양이를 의뭉스럽다 여기는 사람도 있지만, 그들만큼 감정을 숨길 줄 모르는 동물도 없다. 기분이 언짢으면 고양이는 귀를 납작 눕히는데, 그 모양이 고전 만화영화에 나오는 거대 로봇 마징가 얼굴을 닮아서 '마징가 귀'라고도 하고, 비행기가 이륙할 때 날개를 펼친 모습과 흡사해 비행기 귀라고도 부른다. '비행기'와 '귀'의 끝 글자 발음이 비슷하다는 사실에 착안한 애묘인들은 이 두 단어를 합쳐 '비행귀'라는 신조어를 만들어냈다.

한 날 한 시, 한 배에서 태어나 무늬까지 똑같은 쌍둥이는 심기가 불편한 이유도 똑같았는지 동시에 비행귀를 날렸다. 가방에서 고양이 간식 냄새가 나는데 얼른 내놓지 않아서 언짢았던 모양이다. 저렇게 귀를 납작하게 하고 새초롬하게 있을 때면 조금만 더 놀려주고 싶어진다.

파리의 방묘창

○

파리국립자연사박물관으로 가던 길에 발견한 고양이 전망대. 보통 창가에는 화분을 내놓지만, 애묘인이라면 창 밖 구경을 좋아하는 고양이를 위한 공간을 고민하는 법이다. 이 집 주인은 모눈이 촘촘한 방충망 대신, 성글게 엮은 철망으로 방묘창을 만들어 놓았다. 고양이가 얇은 방충망을 찢고 나갈 염려도 없고 시야가 탁 트여 한결 편해 보인다. 덕분에 각자 좋아하는 여름 방석을 차지하고 앉아서 지나가는 사람들을 구경할 수 있게 되었다.

철망 너머로 앞발 내밀며 장난을 걸어오는 줄무늬 고양이와 놀아주느라 시간을 지체했지만 뭐 어떤가. 목적지로 가다가도 고양이와 만나면 딴 길로 새어 시간을 보내는 게 고양이 여행의 즐거움이니.

해
와
달

○

아저씨와 함께 골목 나들이에 나선 꼬마는 겁이 많았다. 나와 눈이 마주치자 잽싸게 담 아래로 몸을 숨겼다. 제대로 숨으려면 귀 끝까지 감춰야 하는데, 그만 담장 위로 귀가 삐져나왔다. 제 눈에 사람이 안 보이면 사람도 저를 못 보겠거니 착각하는 모습을 보니 아직 어리구나 싶고, 한편으론 어려서 서투른 그 모습에 더 마음이 간다.

조금 시간이 지나고 '저 인간이 갔나, 안 갔나' 하면서 꼬마 고양이가 조심스레 얼굴을 내민다. 형형한 눈빛으로 겁 없이 나를 응시하는 아저씨는 해님 같고, 풋풋하고 맑은 눈의 꼬마는 달님 같다. 꼬마 덩치가 지금보다 커져서 아저씨와 어깨를 나란히 할 때쯤, 더 이상 꼬마라는 별명이 어울리지 않을 때가 오면 "달이야" 하고 불러주고 싶다.

너에게 눈멀다

○

"맹목적이다"라는 문장은 건조하지만 "~에 눈멀다"라고 말하면 감정이 끼어드는 것 같다. 뭔가에 너무 빠져들면 앞뒤 분간을 못하게 된다는 그 말의 뜻을 헤아릴수록, 낭만적이라기보다는 무서운 말이구나 생각했다. 그래서 무엇에든 눈멀 정도까지 마음 주는 일이 없었다. 길고양이를 만나기 전까지는 그랬다.

한데 이 녀석들은 어떻게 내 마음에 훅 들어와서 눈멀게 하고 지금까지 마음속에서 떠나지 않는지 모르겠다. 아무것도 보지 말고 자기만 보라고 내 얼굴을 꽁꽁 싸맨 것도 아니고, 고양이 꼬리처럼 살랑 스치고 지나갔을 뿐인데. 길에 산다는 이유만으로 핍박받고, 사람에게 상처받고도 다시 다가오는 그 마음이 아파서 나도 모르게 눈이 멀었나 보다.

싸움의 기술

○

엄마 고양이가 딸에게 싸우는 법을 가르친다. 상대가 적이 아니면 앞발을 휘두를 때도 발톱을 넣어두라고. 모녀가 동시에 공중부양을 하면서 대차게 주먹을 주고받았지만 아무도 피 흘리지 않은 건 그 가르침 덕분이다. 공격할 뜻이 없는 고양이 주먹은 솜방망이에 불과하다.
인간을 충분히 상처 입힐 무기를 가졌지만 함부로 휘두르지 않는다는 점에서 길고양이는 존중받을 만하다. 먼저 위협받지 않으면 공격하지 않고, 공격을 받아도 싸우기보다 달아나기 일쑤다. 고양이는 지나치게 착하고 겁 많은 싸움꾼이다. 그러나 도적 같은 세상에서 착한 고양이로 살아남기란 어렵다. 이빨보다 무른 혀로도 상대방을 만신창이가 될 때까지 물어뜯고, 발톱보다 무딘 손으로도 동물에게 폭력을 쓰는 인간이 도처에 널린 이 땅에서는 더욱 그렇다.

봄
마
중

혜화동에서 회사에 다니던 시절, 점심시간이면 최대한 밥을 빨리 먹고 산책을 나갔다. 회사 건물은 번화가에 있었지만 골목 안으로 조금만 들어가면 오래된 주택가여서 길고양이가 많았다. 처음에는 어느 골목에 고양이가 사는지 몰라서 정말 산책만 했는데, 같은 길을 오가다 보니 어느 집에서 길고양이 밥을 주고 어느 집 지붕에 고양이가 숨어 사는지도 알게 되었다.

그 골목 어딘가 '고양이 계단'으로 이름 붙인 곳의 고양이 두 마리는 자주 붙어 다녀서 귀여움도 두 배였다. 고양이 눈높이로 본 세상은 어떤 모습일지 궁금해서 오리걸음으로 녀석들 뒤를 따라가 본다. 몸을 낮춰 뒤뚱뒤뚱 걷고 있자니 흥에 겨운 고양이 꼬리가 눈앞에서 붕붕 춤을 춘다. 봄은 바야흐로 짝짓기의 계절, 불어온 바람에 고양이 마음도 한껏 들뜬 모양이다.

시골 고양이의 하루

한 달간의 유럽 여행이 끝나갈 무렵, 스웨덴 중부의 시골 마을 래트빅에 머물렀다. 주로 대도시를 중심으로 취재하다 보니 시골 집고양이의 삶은 어떨지 궁금했다. 소개를 받아 찾아간 집에서는 원래 12살 먹은 삼색 고양이 그롤리스만 살았지만, 앞마당에 찾아오던 검은 길고양이 캅텐이 식구로 눌러앉았고 위탁 중인 임신 고양이 두 마리가 새끼를 낳아 순식간에 10마리가 넘는 대가족이 됐다고 한다.

래트빅 고양이들은 집 안팎을 자유롭게 드나들며 외출 고양이로 지낸다. 집과 집 사이가 멀찍이 떨어져 있고 차도와도 거리가 멀어 사람 걱정, 자동차 걱정 없이 풀밭을 뒹굴며 논다. 고양이가 안심하고 뛰어놀 마당 있는 삶, 고양이를 좋아한다면 한번쯤 꿈꿨을 평화로운 풍경이 거기 있다.

어른의 시간

○

어린 고양이들이 앞마당에서 뒹굴며 노는 동안, 고양이 가족 중에서 연장자인 그롤리스 할머니와 중년의 캅텐 아저씨는 단둘이 고즈넉한 시간을 보낸다. 발이 땅에 닿을 때마다 스프링처럼 통통 튀던 젊은 날이 그들에게도 있었지만, 이젠 직접 뛰어다니기보다 어린 것들 노는 모습을 보는 게 더 편안한 나이가 되었다.

살아온 날보다 살아갈 날이 짧아지기 시작하면 고양이는 매사에 초연해진다. 늙어서 굼뜬 게 아니라, 맛있는 음식을 아껴 먹듯 남은 시간을 음미하며 느리게 산다. 나이 든 고양이의 얼굴에는 어지간한 일에 일희일비하지 않는 의연함이 있다. 나이를 먹을 만큼 먹었어도 여전히 작은 일에 마음이 흔들리는 인간은, 두 어르신 고양이의 의연함이 부럽기만 하다.

쓰레기 집에 숨은 보물

뉴스에 나오는 '쓰레기 집' 이야기를 접하면 더럽게 느껴지기보다는 안쓰럽다. 그만큼 마음이 많이 아픈 사람들이구나 싶어서. 쾌적한 집에서 살고 싶은 욕구는 누구에게나 있지만, 압도적인 무기력에 짓눌린 사람은 이를 실천에 옮길 기력이 없다. 오히려 강박적으로 쓰레기를 떠안고 사는 것으로 공허함을 메우려 한다.

길고양이도 어쩔 수 없이 쓰레기 집에 살 때가 있다. 컨테이너 아래로 기어들어가는 얼룩 고양이를 따라가 몸을 숙이고 아래를 들여다보니 쓰레기더미 속에 어린 새끼가 있었다. 아무도 거들떠보지 않는 그곳이 가장 안전하기 때문에, 엄마 고양이는 더럽고 낮은 곳으로 숨어든다. 그곳에 가장 귀한 보물을 숨기고 고이 키워낸다.

의리의 치즈냥

○

머리부터 꼬리까지 치즈색 무늬를 뒤집어 쓴 고양이와 노란 줄무늬 고양이가 앞서거니 뒤서거니 바위산을 오른다. 사람 눈으로 보기엔 별로 가파르게 보이지 않지만, 늦겨울 산에 쌓인 눈이 아직 녹지 않은 탓에 작은 고양이 발로 오르기엔 버겁다.

심장이 뛰고 뒷다리도 당겨서 더 못 가겠는지 줄무늬 고양이가 땅바닥에 엉덩이를 내려놓는다. 잠깐 쉬는 사이 앞서 걷는 친구와의 간격도 벌어지고 말았다. 뒤따라오는 소리가 들리지 않으니, 앞장서서 산을 오르던 치즈냥이 돌아보며 눈으로 묻는다. 왜 안 오느냐고. 우뚝 서서 움직이지 않는 걸 보니 친구가 다시 힘을 내 올라올 때까지 기다려줄 모양이다. 역시 의리의 치즈냥.

=(•ㅅ•)=

세상 모든 고양이는 입술에 ㅅ자를 품고 있다. 어른 고양이의 때 묻은 ㅅ은 살아온 세월이 느껴져 애틋하고, 어린 고양이의 ㅅ은 달콤한 분홍빛이어서 마음이 간질간질해진다.
고양이 입술을 보고만 있어도 기분이 좋아지는 건, ㅅ의 양 끝이 살짝 올라가 늘 웃는 것처럼 보이기 때문이다. 그 입은 슬픈 일이 있어도 웃고, 기분 좋으면 더 크게 웃어보라며 나를 다독인다. 그러니 한글 자음과 자모를 통틀어 좋아하는 글자를 꼽으라면, 고양이 입을 꼭 닮은 ㅅ이라고 답할 수밖에.

재활용 예술가의 고양이

그는 재활용 예술가였다. 아무 연고 없던 제주의 시골 마을로 들어와 황토와 나무로 집을 짓고, 동료들과 함께 바닷가에 버려진 나무를 주워 가구를 만들었다. 마당에는 주워온 폐목이 가득했다. 떠밀려 온 나무가 다시 쓰임새를 얻어 의자와 책상이 되는 마술이 그 마당에서 펼쳐졌다. 이미 죽었던 것에 생명을 불어넣는 사람을 마술사라 부를 수 있다면, 그는 진짜 마술사였다.

버려진 것을 보듬는 예술가의 눈에는 버려진 고양이도 예사롭게 보이지 않았나 보다. 집 근처로 밥 먹으러 오는 고양이에게 꼭지라는 이름을 붙여 주고 정성껏 돌봤다. 그 고양이가 낳은 새끼들까지 이제 네 마리 고양이가 함께 산다. 어린 고양이 둘이 오늘은 무슨 장난을 칠까 궁리하며 탈출을 꿈꾸는 모습이 사랑스럽다.

놓치지 않을 거예요

고양이는 마음을 끄는 뭔가를 보면 두 발로 선다. 창밖을 구경하다 잘 보이지 않으면 답답한 마음에 벌떡 일어서기도 하고, 간식을 빨리 달라며 두 발로 서서 보채기도 한다. 그럴 때의 고양이는 너무나 안정적으로 서 있어서, 원래 직립보행을 할 줄 알면서도 못 하는 척하는 게 아닐까 의심스럽다.

이번에 어린 고양이를 두 발로 서게 만든 건 엄마 꼬리였나 보다. 바닥을 탁탁 치며 왕복운동을 하는 꼬리가 재미있어 보였는지, 다음번에 꼬리가 제 앞으로 날아오면 얼른 잡아채려고 두 팔을 활짝 벌리고 기다린다. 엄마 고양이도 등 뒤에서 기다리는 어둠의 기운을 육감으로 느꼈는지 두 귀를 뒤로 한껏 날리고 있다.

하늘을 보는 이유

길고양이를 만나면서 모든 풍경을 꼼꼼히 들여다보게 된다. 그전까지 풍경이라는 이름으로 세상을 뭉뚱그려 대충 보고 지나쳤다면, 이제는 담장과 차 밑, 지붕 위처럼 길고양이가 깃들 법한 곳을 빠르게 눈으로 훑으며 걷는다. 무엇보다도 하늘을 자주 보게 되었다.

고양이가 있는 하늘을 올려다보면 복잡했던 세상이 단순하게 정리된다. 땅 위에 있을 때는 겁 많고 소심했던 고양이도 안심하고 편안한 얼굴이 된다. 내가 고양이를 올려다보고 고양이가 나를 내려다볼 때, 그렇게 우리 둘의 입장이 서로 바뀔 때 고양이가 보여주는 평온한 얼굴이 좋다.

고양이 마을의 선물

2012년 봄부터 1년에 한 번씩 타이완의 고양이 마을 허우퉁을 찾아가 마을의 변화를 기록하고 있다. 처음에는 이곳이 고양이 마을이란 이름으로 부를 만한지 궁금했고, 이듬해부터는 이 마을이 어떤 모습으로 변해갈지 궁금해서. 고양이 캐릭터가 들어서면서 놀이공원처럼 변해가는 마을의 겉모습보다, 고양이가 마을 주민의 삶을 바꾸는 데 어떤 역할을 했는지 궁금했다.

인상 깊었던 건 첫 방문에서 본 엉망진창 비탈길이 미끄럼 방지 계단으로 바뀐 모습이었다. 비가 잦은 타이완 날씨를 생각하면 이 계단만큼 마을에 필요한 시설도 없었을 것이다. 그건 고양이가 마을에 가져다준 선물이었다. 뛰어놀기 좋아하는 고양이들에게도 이 선물은 유용했다. 여기서 놀고 있으면 관광객이 맛있는 간식을 줄 것을 아는지, 비를 맞으면서도 자리를 지키고 있다.

음양 고양이

○

10년 전, 길고양이가 많다는 이야기만 듣고 무턱대고 찾아간 야나카는 이후로 도쿄에 갈 때마다 들르는 친근한 동네가 되었다. 하지만 처음 갔을 때만 해도 방향 감각이 없어서 목적지를 찾는 것 자체가 스트레스였다. 물어물어 찾아간 고양이 카페 넨네코야는 문 닫을 시간이었다. 맥빠진 얼굴로 내일 다시 오겠다고 인사하는 내가 딱했는지, 가게 주인은 기념 배지를 손에 쥐어 주며 위로해주었다. 검은 고양이와 흰 고양이가 서로 목을 휘감은 모습으로 도교의 음양태극을 형상화한 배지였다.

그 배지가 행운을 가져다준 것일까. 돌아가는 길에 잠시 들렀던 절에서 길고양이 두 마리를 만났으니 말이다. 게다가 정말 음양태극 속에서 빠져나온 것처럼 한 마리는 검고 한 마리는 희었다. 온갖 변수로 가득한 고양이 여행이지만 이따금 찾아오는 이런 우연이 여행을 흥미롭게 만든다.

엽서 사라냥

○

애묘인에겐 고양이 애교만큼 매력적인 유인책도 없다는 걸 아는 타이완의 가게 주인들은, 살가운 고양이 점원을 앞세워 손님을 붙잡는다. 고양이 마을 허우퉁에도 고양이 기념품을 파는 가게는 한두 곳이 아니지만, 역시 손님이 많은 곳은 고양이 점원들이 호객하는 곳이었다.

만약 고양이 점원을 외모로만 뽑았다면 한쪽 눈이 먼 얼룩이도, 검은 고양이도 취업에 실패했을지 모른다. 하지만 함께 사는 사람 눈에는 똑같이 예쁜 고양이니까 둘을 점원으로 자랑스럽게 내세웠다. 고양이 점원들은 자기를 믿어준 마음에 보답하려고, 앞발 곱게 접고 눈을 동그랗게 뜨면서 "엽서 사라냥" 하고 열심히 야옹거린다.

길고양이의 비상 통로

부산 흰여울길에는 길고양이 밥집이 있다. 여름이면 고양이들 더울까 밥자리에 우산을 받쳐주고, 아예 대용량 사료를 갖다놓고 길고양이를 먹이는 집이었다. 고양이 사이에 입소문이 퍼져 아지트가 되었지만, 눈치 빠른 녀석들은 낯선 사람을 보면 우수수 흩어졌다. 밥 주는 사람의 손은 따뜻해도 모르는 사람의 손은 무섭다는 걸 경험으로 알기에. 어지간한 고양이 미행에는 이골이 나서 고양이가 달아나더라도 근처에서 따라잡곤 했는데, 두 녀석은 인도가 아니라 길고양이 전용 골목길로 들어가 버렸다. 흰여울길은 집과 집이 다닥다닥 붙어 있는데, 밥 주는 집과 옆집 사이 30cm도 안 되는 통로가 녀석들의 도주로였다. 그 사이로 쏙 들어가더니 "못 따라오겠지?"하고 확인하듯 돌아보는 눈빛이 의기양양하다. 그래도 고맙다, 한 번은 돌아봐줘서.

바람 불어 슬픈 날

○

주민 수는 20명도 채 안 되지만 고양이는 200마리도 넘는 고양이 섬 아오시마. 사람보다 고양이가 많다는 말에 가슴 설레며 찾아갔지만 그날따라 바다를 어지럽힌 풍랑이 문제였다. 오후 배는 운항을 중단한다는 말에 결국 타고 왔던 아침 배로 나와야 했다. 원래 배가 머무는 시간은 10분이지만 고양이 밥을 나눠주고 사진을 찍을 수 있게 특별히 허락받은 시간이 20분. 모두들 아쉬운 마음으로 섬 고양이와 짧은 인사를 나누었다.

우리도 그랬지만 고양이 입장에서도 그날은 허탕 친 날이었다. 맛있는 간식과 장난감을 고대했는데 손님도 별로 없고, 저녁도 굶은 채로 다음날 아침 배를 기다려야 하다니…. 냥냥 반기며 항구로 달려왔다가 별 소득 없이 돌아가는 고양이들 어깨도 무겁다.

사
는
날
까
지
살
자
고

○

재개발이 확정된 동네에는 잔해만 남은 집과 멀쩡한 집이 섞여 있다. 그 사이에 드문드문 길고양이가 산다. 집에서는 헤어드라이어 소리에도 깜짝 놀라는 고양이지만, 여기서는 쿵쿵대는 포클레인 소리에 도망갔다가도 돌아와 자리를 지킨다. 살던 집이 헐리고 밥을 챙겨주던 사람들이 떠나도, 사람의 말과 글을 모르니 사정을 알 길이 없다. '늘 오던 캣맘이 다시 와 주겠지, 살 집도 다시 생기겠지' 그렇게 부질없는 희망을 안고 기다린다. 하루가 다르게 폐허가 되어가는 골목에서는 그나마 길 생활이 오랜 녀석들이 살아남는다.

사람이 떠난 골목에선 길고양이가 주인이다. 눈총 받고 쫓기는 일은 없을 테니 이것도 나쁘지 않다고, 그러니 사는 날까지는 어떻게든 살아보자고 넉살 좋은 표정으로 앉아 있다.

위태로운 호의

○

어느 한쪽의 호의에 의존하는 관계는 위태롭다. 얻기는 어려우나 깨지기도 쉬운 것이 호의이기 때문이다. 인간관계에서도 그렇지만 길고양이와 사람의 관계도 마찬가지다.

많은 길고양이가 고양이를 좋아하는 사람들의 마음에 기대어 살아간다. 어떤 이유에서든 그 호의가 갑자기 사라지면 길고양이는 영문도 모른 채 타격을 입고 만다. 길고양이의 삶에 섣불리 개입하는 것이 조심스러운 것도 그런 이유에서다. 잠깐의 호의보다 필요한 건, 오래 가는 약속이다.

신의 선물

아저씨는 무릎에 검은 고양이를 앉히고 한 손으론 흰 고양이를 쓰다듬으며 앉아 있었다. 마음 편히 쉬시라고 자리를 비켜줬다가 한참 뒤에 가보니 그 풍경 그대로였다. 일본의 공원묘지에서 고양이와 노는 사람 중에는 아저씨나 할아버지가 생각보다 많았다. 사회에서 입지가 좁아지고 가족과도 데면데면해질 무렵, 헛헛해진 마음에 고양이가 비집고 들어오면 빠져나올 길이 없다. 고양이는 늘 자기가 받은 것보다 더 큰 사랑을 주기 때문이다.

"신은 모든 곳에 있을 수 없기에 어머니를 만들었다"는 유대 격언이 있다. 어머니의 보살핌을 받기엔 나이 들었으나 여전히 사랑이 필요한 사람들을 위해 이 문장을 약간 바꾸어본다. "신은 모든 곳에 있을 수 없기에 고양이를 보냈다"고.

푸른 눈동자

○

아직 어린 남매가 나란히 풀밭을 걷다 나와 눈이 마주쳤다. 삼색이도, 턱시도 무늬도 눈동자 색깔이 푸른색인 걸 보니 젖을 뗀지 얼마 안 된 모양이다. 아직 눈동자 색도 바뀌지 않은 어린 것들을 두고 엄마는 어디로 떠났을까. "이만큼 키워줬으니 이제 각자 앞가림하고 살아라" 하고는 다른 수컷을 찾아 훌쩍 가버렸을까.

눈동자 색은 어린 고양이가 얼마나 나이를 먹었는지 보여준다. 짙은 푸른색과 이끼색이 오묘하게 섞인 것이 전형적인 아기 고양이의 눈동자 색이라면, 호박색이나 연두색, 갈색 눈동자는 아기에서 어린이로 한 발짝 더 나아간 어른의 색이다. 아직 눈이 푸른 아기 고양이를 만나면 어떤 빛깔의 눈동자를 갖게 될지 궁금해진다. 그건 다음에 만날 때까지 이 어린이들이 무사하기를 비는 마음이기도 하다.

철거촌의 고양이 모자

○

폐허가 된 땅에서 새끼를 키우는 게 쉽지 않았던 엄마 고양이는 비쩍 말라버렸다. 그래도 살아야 하니 빈 젖이나마 새끼에게 물리고 잠시 누웠다가, 다시 기운을 내어 어딘가에 있을 먹을거리를 찾아 나선다. 자식에게 좋은 것만 보여주고 맛있는 것만 먹이고 싶은 마음은 고양이도 다를 바 없지만, 위험해도 익숙한 영역을 쉽게 떠날 수 없으니 애가 탄다.

엄마가 사냥 나갈 채비를 하는 동안 철모르는 새끼 고양이는 언제 무너질지 모르는 담장 위에서 뛰어 노느라 정신이 없다. 불안한지 엄마 고양이는 계속 돌아보며 쉬 걸음을 떼지 못한다. 다녀올 때까지 조심 조심 놀고 있으라고, 엄마는 너 하나만 보고 산다고.

길고양이의 수호천사

타이완의 단수이 강변을 따라 걷다 보면 길고양이들에게 둘러싸인 동상이 눈에 띈다. 동상의 모델은 평소 길고양이 보호 활동을 해온 작가 겸 배우였다. 길고양이에게 꾸준히 밥을 주던 그녀가 2009년 오토바이에 치여 세상을 떠나자, 친구들이 뜻을 모아 사후 2주년 되던 해에 동상을 세웠다. 생전에 길고양이의 수호천사였던 그녀는 죽음으로써 역설적으로 영원히 죽지 않는 존재가 되었다.

사람들에게 그녀의 이름을 알리는 게 목적이었다면 단수이 광장 한가운데 동상을 세우는 편이 나았을 것이다. 하지만 이 동상은 길고양이 급식소가 있는 화단 앞에 소박한 모습으로 앉아 있다. 밥 먹으러 온 길고양이 친구들이 그녀의 품에서 놀다 갈 수 있도록.

같이 놀자, 형님아

가끔 혼자 놀고 싶을 때가 있어요. 아니, 다른 형제도 친구들도 많은데 동생은 왜 꼭 나하고만 놀려고 하는지 모르겠다니까요.
오늘은 자꾸 놀아 달라고 보채는 녀석을 뿌리치고 몰래 여기까지 왔지요. 우리 집 뒤뜰 나무의자 등받이는 어린애들이 못 따라오는 나만의 놀이터거든요.
그런데 이 녀석이 어느새 폴짝 따라 올라오더니 "같이 놀자, 형님아!" 하면서 뒷발을 휙 잡아채는 게 아니겠어요? 그대로 떨어지는 줄 알고 얼마나 놀랐는지 몰라요. 어리니까 의자 위까진 따라오지 못할 거라 믿은 게 실수였죠. 조그만 게 손아귀 힘은 얼마나 센지…. 이러다 금세 훌쩍 자라서 나를 이겨먹는 건 아닌지 벌써부터 걱정이네요.

트램폴린의 또 다른 용도

'양면 겸용'이라는 설명이 붙은 물건은 왠지 갖고 싶다. 이를테면 감자 깎는 칼 반대쪽에 채썰기 칼이 달렸다든가, 십자드라이버를 뽑아 손잡이에 돌려 끼면 일자가 되는 드라이버처럼. 그런 물건은 써 보면 성능이 기대 이하인 경우가 많았다. 한 개 만들 가격으로 두 가지 용도를 충족시키자니 질이 떨어지는 건 당연했다. 하지만 원래 있던 용도에서 새로운 용도를 찾아낸다면 이야기가 달라진다.

버려진 트램폴린 앞뒷면을 각자 장난감 삼아 노는 길고양이들도 그랬다. 한 녀석이 트램폴린 위에서 퐁퐁 튀어 다니는 동안, 다른 녀석은 밑에서 고양이 발을 집중 공략하느라 정신이 없다. 상대방을 못 보면서 서로 공격하는 게 은근히 재밌는지 둘 다 자리를 떠나지 못한다. 이번에 개발된 장난감은 앞뒷면 모두 대성공이다.

기쁠 때만 보이는 꽃

고양이는 꼬리로 말한다. 깃대처럼 꼬리를 높이 쳐들었다면, 그건 지금 기분이 최고라는 뜻이다. 두 고양이가 함께 꼬리를 들고 끝을 서로 툭툭 스치며 나란히 걸어간다면, 그건 당신과 함께 있어서 행복하다는 은근한 고백이다.

다른 형제자매들을 따돌리고 엄마를 독차지한 어린 고양이의 기분도 하늘을 찌를 듯하다. 오붓하게 숲속 길을 걸어가는 엄마와 아기 고양이가 치켜 올린 꼬리 아래 분홍빛 꽃이 핀다. 고양이가 기분 좋을 때만 볼 수 있는 동그랗고 귀여운 꽃이.

천국의 그늘

○

도쿄 체류 마지막 날, 나리타공항으로 가기 전에 여느 때처럼 야나카 레이엔에 들렀다. 비석을 돌침대 삼아 잠든 길고양이도, 고양이를 찾아와 먹을 것을 주며 귀여워하는 사람도 여전했다. 새롭게 생긴 것이 있다면 안내문이었다. 이곳이 고양이 잡지에 여러 번 소개되고 나서 '고양이 천국'이라는 인식이 퍼진 바람에 불행한 고양이가 늘고 있으니, 그런 사례가 더 늘지 않게 촬영을 자중해달라는 내용이었다.

고양이의 현실이 어떻든 사람들은 고양이 사진에서 보고 싶은 것만을 본다. 사진 속 고양이들은 평화로워 보이지만 '여기 고양이를 버리면 잘 살겠지, 고양이 천국이니까' 하고 생각하는 사람들이 모여들기 시작할 때 지옥이 되는 건 순식간이다. 고양이로 이름난 곳을 섣불리 천국이라 부르기 힘든 것은, 소위 그 천국의 이면에 이런 그늘도 존재하기 때문이다.

길막냥 대처법

○

멀리서 기차가 달려오고 손님들이 허우통 역에 내리면 우리도 바빠집니다. 간식을 들고 온 손님들을 맞이하러 얼른 달려가야 되는데, 혼자 이 길을 전세 냈는지 염치도 없이 한복판에 떡 주저앉아 비켜주지 않는 저 녀석. 전형적인 '길막냥'이네요. 담장 아래로 뛰어내리자니 어쩐지 내가 지는 것 같고, 싸워서 밀어내기도 좀 그렇습니다.
결국 나도 에라 모르겠다 하고 주저앉아 버립니다. 그러고는 얼굴을 지긋이 바라보면서 얼른 나오라고 마음속으로 텔레파시를 보냅니다. 이 정도 눈치를 주면 반응이 있어야 하는데, 녀석은 슬며시 눈을 땅 쪽으로 내리깐 채 요지부동입니다. 나도 질세라 더욱 더 눈을 크게 뜨고 눈총을 쏘아 보냅니다. 녀석의 이마가 따끔따끔해져서 구멍이 뚫릴 때까지.

엄마 팔베개

○

나가사키 글로버 정원에서 도망가는 고양이 꽁무니만 보고 허탈해하던 길에, 다른 길고양이라도 만나려나 싶어 근처 공원에 들렀다. 발아래를 내려다보니 담장 너머로 흰 털 뭉치 두 개가 보였다. 초여름 따가운 햇볕을 피해 고양이 가족이 그늘로 찾아든 모양이다. 새끼 고양이가 엄마 곁에서 어찌나 빨빨거리며 노는지 보는 내가 다 정신이 없었다.
한참 놀다 지친 새끼가 잠투정을 시작하니, 엄마 고양이가 두 앞발을 펼치며 눕는다. 바닥에 구르는 잔돌에 새끼 등이 배길까 싶어 팔베개하라고 내준 것이다. 앞발 쭉쭉 뻗으며 좋아하던 새끼 고양이가 스르르 눈을 감고 나서야, 엄마 고양이도 쪽잠을 청한다.

길고양이 우물가

고양이에게 밥만큼 필요한 게 물이지만, 도시에서 살아가는 길고양이가 물을 구할 방법은 많지 않다. 누군가 밥과 함께 물도 챙겨주거나 물가가 가까이 있으면 다행인데, 그마저도 없다면 비가 많이 와서 어딘가에 빗물이 고일 때까지 기다려야 한다. 그래서 여름은 고양이에게 여러모로 고마운 계절이다. 큰 비라도 내린 다음날이면 곳곳에 우물이 생기기 때문이다.

장맛비 내린 다음날, 길고양이 은신처에 버려진 대야에는 빗물이 반 넘게 차올라 찰랑거렸다. 물이야 넉넉하지만 맨 처음 발견한 녀석이 그릇을 독차지하고 좀처럼 나오지 않으니 화가 난 모양이다. "마실 만큼 마셨으면 그만 좀 나오지?" 하며 가자미눈을 뜨는 걸 보면.

차이나타운의 식빵 장인

인천 차이나타운 조계지 계단에는 식빵 굽기의 달인이 살고 있다. 새벽부터 자정까지 완벽한 식빵이란 무엇인가 연구에 전념한 나머지, 자기 몸매마저 식빵과 흡사하게 변화시켰다는 전설의 장인. 그는 어렵게 지금의 경지에 도달한 기술이 자신의 대에서 끊길까 염려하다 결국 젊은 후계자를 제자로 영입했다.

복수의 제빵업계 관계자에 따르면, 이 제자는 도제식 교육을 받은 지 얼마 지나지 않아 스승의 식빵을 완벽에 가깝게 재현하는 데 성공했다고 한다. 심지어 식빵에 바른 치즈소스의 빛깔과 위치까지 비슷해서 스승의 총애를 한 몸에 받았다. 제자는 "독립하면 식빵 전문 빵집을 차릴 계획이다냥" 하고 포부를 밝혔다. 식빵 굽기의 달인에게 한 수 배우고 싶은 고양이들은 차이나타운을 찾아가 보시라.

두더지 게임

○

초등학교 앞 문방구나 오락실에는 으레 두더지 잡기 게임기가 있었다. 두더지가 숨기 전에 뿅망치로 얼른 머리를 내리쳐야 점수를 얻었는데, 아주 잠깐 머리를 내밀었다가 어찌나 빨리 들어가는지 동전만 잡아먹어서 약이 올랐다.

은신처의 회양목 화단 속에서 노는 고양이들을 보면 두더지 게임이 생각난다. 키가 훌쩍 큰 주변 나무들에 비하면 회양목은 볼품없이 작았지만 고양이가 몸을 낮추고 숨바꼭질하기엔 딱 좋은 높이였다. 여기서 쏙, 저기서 불쑥, 들락거리며 두더지 놀이를 하던 고양이들이 동시에 튀어나온 순간 뿅망치 두들기듯 셔터를 눌렀다. 두더지 잡기 게임기가 추억 속으로 사라졌듯이 사진 속 회양목 숲도 없어지고 고양이도 간 곳 없지만, 그날의 추억은 사진에 고스란히 남았다.

어떤 결정적 순간

같은 주제로 오래 사진을 찍다 보면 특별한 장면을 찍고 싶은 마음이 생기기 마련이다. 한데 그 욕심이 도를 넘으면 괴물이 태어난다. 자기가 생각했던 구도에 거슬린다며 200살도 넘은 금강송을 수십 그루씩 베어 없앤 나무 사진가나, 어린 새가 나뭇가지에 나란히 앉은 결정적 순간을 연출하려고 새 발가락에 접착제를 발랐다는 조류 사진가처럼. 사진기를 든 괴물이 되지 않기 위해서 나름대로 정한 원칙이 있다. 길고양이의 삶에 개입하는 연출 사진은 찍지 말자는 생각. 연출로 만들어낸 기상천외한 사진 백 장보다, 길고양이가 편안해질 때까지 기다려 찍는 사진 한 장이 내겐 더 의미 있다.

거대한 캣타워

○

도시 고양이의 캣타워는 높아봤자 2미터 안팎이지만, 시골 고양이가 천연 캣타워로 삼는 나무는 3, 4미터쯤은 우습게 넘긴다. 고양이가 아무리 나무타기 선수라도 무서울 높이다. 곰을 피해 나무 꼭대기까지 도망간 고양이가 소방관의 도움으로 간신히 내려왔다는 해외 토픽이 가끔 나오는 것도 그 때문이다. 결국 어렸을 때부터 나무 타기 훈련을 열심히 하는 수밖에.

먼저 시범을 보이며 순식간에 몇 미터씩 뛰어오른 엄마를 본 새끼는 눈이 동그래졌다. 엄마만 바라보며 위로 올라가는 건 따라했는데 내려갈 땐 망설인다. 머리를 거꾸로 하고 내려가자니 눈앞으로 땅이 달려드는 것처럼 보여서 무서웠던 모양이다. 그 두려움에 먹히지 않을 때 어린 고양이는 진짜 어른이 된다. 나무 타기 훈련은 팔다리 근육뿐 아니라 담대함도 함께 기르는 훈련인 셈이다.

웃는 고양이

고양이 여행을 다닐 때면 그 나라에서 유명한 고양이 캐릭터를 찾아본다. 캐릭터의 긍정적 이미지에서 공통점을 찾아 길고양이 인식 개선에 활용한다면 막연한 거부감도 희석할 수 있지 않을까. 그런 마음으로 유심히 본 타이완의 대표 고양이 캐릭터가 헨리캣츠(Henrycats)였다. 조약돌에 그린 고양이 그림을 모티브로 삼은 캐릭터라 하나같이 몸이 동글동글한데, 늘 싱글벙글 웃는 모습에 기분이 좋아진다.

헨리캣츠 가게 앞을 맴도는 고양이 한 쌍이 눈에 띄어 가게 고양이인가 했더니, 바로 옆 책방에서 돌보는 길고양이였다. 애묘인이 많이 오는 가게 근처에 있어야 간식 한 입이라도 얻어먹을 수 있다는 걸 아는 눈치다. 오늘 두 고양이가 배를 곯지 않는다면 저 웃는 고양이 덕분이다.

그
냥
재
미
로

○

혜화동 고양이 계단 골목에 사는 노랑둥이 둘이서 영차, 영차 계단을 오른다. 편하게 다니라고 넓게 닦아놓은 길이 있건만 한 녀석이 갑자기 엉뚱한 옆길로 빠진다. 꼬리 끝이 ㄱ자로 꺾여서 평소 '꺽꼬'라 부르던 녀석이었다. 가다 보면 중간에 길도 끊기는데 굳이 그 길로 갈 생각은 왜 한 건지…. 나도 치즈냥도 도무지 그 마음을 모르겠어서 쳐다보고만 있었다.

하지만 꺽꼬는 우리 둘의 시선도 아랑곳 않고 묵묵히 올라가기만 했다. 고양이 말을 모르니 직접 물어볼 순 없었지만, 만약 물어봤다면 꺽꼬는 이렇게 대답했을 것 같다.

"그냥 이 길이 더 재미있잖아요?"

고양이가 엉뚱한 행동을 할 때 늘 그런 것처럼.

메롱이 아니랍니다

○

고양이를 알게 된 지 얼마 안 됐을 무렵에는 혀를 내민 고양이를 길에서 만나면 '메롱 하는 건가?' 생각하고 귀엽게 여겼다. 고양이가 혀를 넣지 못하고 오래 있는 건 "메롱"이 아니라 아파서 그런 거라는 사실을 나중에야 알았다. 턱 관절에 이상이 있어서 혀를 집어넣지 못하는 경우일 수도 있고, 혹은 구내염 같은 구강 질환 때문에 입이 아파 다물 수 없어서 그럴 수도 있다고 했다. 고양이 입장에서는 아프다고 호소한 건데 애교로 오해했던 무지가 부끄러웠다.

고양이를 제대로 몰라서 웃지 말아야 할 일에 웃거나, 아프다고 도움을 청하는 중인데도 모르고 지나치는 경우가 얼마나 많을지 모른다. 아는 만큼 사랑한다는 말은 고양이에게도 예외가 없다.

노부부에게 배운다

사랑하고 사랑받고 싶은 욕망은 나이를 먹는다고 무뎌지지 않는다. 그러나 나이 먹어 사랑을 시작하기란 쉽지 않다. 시들어가는 몸에 눈길 주는 이는 드물고, 그 나이에 주책이라며 조롱이나 받기 일쑤다. 만년에 간신히 마음 맞는 사람을 만났나 싶으면 다 큰 자식들이 벌떼같이 반대하기 바쁘다.

그러나 길고양이는 뒤늦게 찾아온 사랑에 대한 불안도 두려움도 없다. 당장 내일이 어떻게 될지 몰라도 함께 체온을 나눌 동반자가 있다는 데 만족하며 산다. 물려줄 재산이 없으니 자식들이 유산 욕심에 반대할 일도 없다. 나이 먹어 사랑을 다시 시작한다면, 나란히 앉아 서로 옆구리를 데우며 꾸벅꾸벅 조는 고양이 노부부에게 가르침을 청하고 싶다.

떡 진 머리 고양이

어느 산동네에 고등어 무늬 망토를 걸친 멋쟁이 길고양이 망토가 살았습니다. 하루는 망토가 지붕 길을 걷다가 아주 아주 나이 많은 고등어 할아범을 만났습니다. 두툼한 털옷은 오랫동안 빨지 못했는지 기름기와 먼지가 뒤엉켜 떡이 졌고, 멀리서도 퀴퀴한 냄새가 났습니다.
"좀 씻지 그러세요? 우리까지 싸잡아서 더럽다고 욕먹는단 말이에요."
깔끔쟁이 망토가 투덜거렸지만 할아범은 귀가 먹었는지 꾸벅꾸벅 졸고만 있었습니다. 망토는 얼굴을 찌푸리며 걸음을 재촉했습니다.
세월이 흘러 망토도 아주 아주 나이를 많이 먹었습니다. 아프고 기력이 없다 보니 예전처럼 유연하게 몸을 굽히고 털을 다듬는 일도 할 수 없었습니다. 오래전 고등어 할아범이 왜 그런 모습으로 지냈는지 그제야 알 것 같았습니다. 그러니 길에서 떡 진 머리 고양이를 만나면 더럽다고 욕하지 말아주세요. 누구에게나 나이 먹어 예전 같지 않을 때가 올 테니까요.

다묘종 사회

○

도시에서 고양이가 마음 놓고 숨어 살 장소는 점점 줄어들지만, 도심 공원묘지에서는 길고양이를 만날 수 있는 확률도 높다. 그래서 고양이를 만나러 간 나라에서는 유명한 공원묘지를 빼놓지 않고 돌아보곤 했다. 무덤에 묻힌 명사들의 발자취를 되짚는 건 덤으로 얻는 즐거움이다.

파리 여행 중에 들른 몽마르트르 묘지에서도 10여 마리 길고양이를 만날 수 있었다. 여기서는 장모종과 단모종을 굳이 나누는 게 무색할 만큼 다양한 고양이가 어우러져 살고 있다. 서로 다른 종이라고 해서 다투는 일도 없다. 사람은 고양이의 품종을 나누고 가치를 매기지만, 고양이 눈에는 다 같은 고양이일 뿐이다. 한마디로 다묘종 사회다.

명당자리 쟁탈전

○

평소 낮잠 장소로 찜해둔 담장 길 위에 웬 젖소 녀석이 떡하니 앉아 있습니다. 아, 저기는 내가 맡아놓은 자린데…. 해가 잘 들어 벽돌이 따끈하게 달궈져서 누워 있으면 참 좋은데. 나만의 명당자리를 빼앗긴 것 같아 화가 납니다.
"이봐, 신참이라 잘 모르나 본데 거긴 내 자리야."
젖소 무늬 고양이의 엉덩이를 머리로 퉁 들이받아 봅니다. 하지만 녀석은 힐끗 뒤돌아보더니 무슨 소린지 모르겠다는 얼굴로 앉아 있습니다. 눈치가 없는 건지 뻔뻔한 건지….
하지만 질 수 없지요. "어이, 나오기 싫으면 같이 좀 앉자고" 하며 머리를 디밀었더니 당황하는 기색이 역력합니다. 곧 밀어내기에 성공할 것 같네요.

고양이 섬의 결투

고양이 섬 아이노시마에서는 고양이도 사람을 피하는 법이 없다. 고양이 명소로 유명해지면서 애묘인이 섬으로 모여든 바람에, 관광객이 주는 간식에 길들여져서다. 아이노시마 고양이의 머릿속에는 '사람=무료 간식 자판기'란 생각이 확고하게 자리 잡은 것 같다.

먹을 것 때문에 다툴 일은 없었지만 너무 평화로운 나날이 이어져도 지루한 법. 지루함을 못 참은 고양이들이 툭탁거리며 장난을 치다가 싸움으로 번졌다. 고등어 무늬 고양이가 등을 한껏 굽히고 뛰어오르며 선제공격을 해오자, 줄무늬 고양이가 몸을 획 돌려 주먹을 날리며 고양이 권법으로 맞섰다. 앙칼지게 울어대는 두 고양이 뒤로, 웬 구경거리냐 싶은 고양이와 사람들이 슬금슬금 모여든다.

미러링 효과

대인관계의 기술 중에 미러링 효과(mirroring effect)라는 게 있다. 상대방의 행동을 거울처럼 따라하되 의도적으로 따라한 티는 내지 않는 게 핵심이란다. 이를 반복함으로써 "당신에게 호감을 느끼고 있다"는 메시지를 전하고, 상대방이 무의식중에 공감대를 느끼게 만든다고.
오래 친하게 지낸 고양이들이 무심결에 같은 동작을 하는 걸 보면, 배우지 않아도 고양이는 본능적으로 미러링 효과의 힘을 아는 것 같다.
여장부 같은 카오스 대장과 소심한 노랑아줌마가 친해진 것도 그 덕분 아닐까. 동시에 뒷발을 들어 턱을 긁는다든가, 같은 자세로 고양이 요가를 한다든가 하는 일은 가벼운 우연 축에 들고, 심지어 임신도 같은 시기에 할 정도였다. 그렇게 생사고락을 함께하며 두 고양이는 절친이 되어갔다.

고양이 고무고무설

○

고양이의 놀라운 유연성이 어디서 비롯됐는지에 대해서는 몇 가지 가설이 있다. 첫 번째는 고양이 액체설. 사실 고양이의 몸은 액체로 만들어졌다는 가설이다. 그래서 얼굴을 디밀었을 때 제 수염의 양 끝이 통과할 정도의 너비만 있다면 그 사이로 스윽 통과할 수 있다고 한다.

두 번째는 고양이 고무고무설. 좋아하는 고양이를 발견하면 고무고무 능력이 발현되어 다리를 쭉 늘린 다음 원하는 위치로 순식간에 이동할 수 있다고 한다. 물론 이 능력은 싫어하는 고양이를 피해 달아날 때도 요긴하게 쓰인다.

하지만 인간 앞에서는 이 능력을 쓰지 않는데, 한번 들통 날 때마다 능력치가 줄어들기 때문이라고. 근데 방금 고무고무 능력을 써서 순간이동하는 고양이를 봐 버린 것 같다. 일부러 그런 건 아니지만 미안합니다, 꾸벅.

길고양이 뷔페식당

"어이, 저녁 맛있게 먹었어? 오늘 메뉴는 뭐야?"
"글쎄 요즘은 영 시원찮네. 고기반찬 하나 없고…."
"동네 사람들 다 이사 가서 분위기가 이런가? 요즘 식당 인심 왜 이래?"
산동네 쓰레기 처리장에서 마주친 길고양이들이 인사를 나누는 걸 보니 둘 사이에 이런 대화가 오가지 않았으려나. 먹을 것을 구하기 힘든 도시 길고양이들에겐 쓰레기 처리장이 대대로 이어온 뷔페식당이나 마찬가지였다. 하지만 음식물쓰레기 분리수거 제도가 시작되면서 길고양이 식당 메뉴가 부실해져가는 건 어쩔 수 없는 일이다. 고양이들이 인간의 사정을 알 리 없으니 영문도 모르고 식당 인심만 탓할 뿐.

공원의 단골손님

나고야 성 앞 공원에 어스름이 깔리면, 녀석들은 잔디밭으로 모여든다. 기다리던 사람을 혹시 놓칠까 싶어 한 녀석은 이쪽 방향, 다른 녀석은 저쪽 방향을 보며 미동도 없다. 마침내 자전거를 타고 나타난 할아버지를 본 고양이들이 서둘러 달려간다. 할아버지가 타고 온 자전거 짐칸에는 사료 봉지와 캔이 담겨 있었다.

굳이 만날 약속을 정하지 않더라도, 공원에 가면 밥 줄 사람을 기다리는 길고양이를 만나게 된다. 혹시 일본을 여행하다가 일본의 길고양이는 어떻게 살아가는지 궁금해지면, 저녁 무렵 가까운 공원에 들러보시길. 고양이도 밥 주는 사람도 만날 수 있을 테니까.

동안의 비결

카오스 대장과 노랑아줌마는 그간 만났던 길고양이 중에서도 가장 오래 살아남은 단짝이었다. 사람으로 치면 장년을 넘어 노년으로 접어드는 나이인데도 둘은 여전히 동안이었다.

계절이 바뀔 때면 떨어지는 낙엽에, 겨울이면 하늘에서 날아드는 눈송이에, 시시때때로 은신처에 숨어드는 새 소리에 홀린 고양이의 눈은 반짝반짝 빛난다. 생기로 가득한 그 빛이 고양이를 언제나 어려 보이게 한다. 지금도 수많은 사람들이 동안의 비결을 찾아 헤매지만 정작 우리와 가장 가까운 곳, 고양이의 눈동자 속에 그 비결이 있다는 사실은 모르고 있다.

세상에 이런 맛이

○

풍등에 소원을 적어 날려 보내는 타이완의 시골 마을 스펀에는 '정안교'라는 흔들다리가 있다. 철길과는 거리가 떨어져 있고 관광 명소라기엔 평범하지만, 다리 너머 주택가에는 길고양이도 많을 것 같았다. 마침 다리가 끝난 지점에서 고양이 한 쌍이 버려진 생선 내장을 주워 먹고 있었다. 가져간 사료를 나눠줬더니 "아니, 세상에 이런 맛도 있었나!" 감탄하듯 웅냥웅냥 소리 내며 먹는다. 고양이는 정말 맛있는 음식을 보면 울며불며 밥을 먹는데 밥 주는 사람에겐 그것만큼 흐뭇한 소리가 없다.

이젠 됐지, 하고 돌아서는데 사료 맛을 안 녀석들이 쫄래쫄래 따라온다. 젖소무늬 고양이는 그나마 영역 밖으로 나가는 걸 망설이는데, 삼색이는 나와 함께 다리를 건너서 기차까지 같이 탈 기세다. 결국 남은 간식을 탈탈 털어주고서야 간신히 그 자리를 빠져나왔다.

스칸센의 유기묘 입양 프로젝트

동물원에서 유기묘 입양을 홍보하면 어떻게 될까? 동물을 좋아하는 사람이 많이 오니 효과도 크지 않을까. 스칸센 어린이 동물원의 유기묘 입양 프로젝트는 이런 발상에서 시작됐다. 보호 중인 고양이는 작은 쪽문을 통해 보호 공간과 바깥 놀이공간을 드나들 수 있고, 폐관 시간에는 안전한 보호소 안에서 머문다. 놀이 시간에는 사육사가 고양이를 데리고 나와서 놀아주며 관람객의 질문도 받고 입양 안내도 해준다.
내가 찾아갔을 때는 노르웨이 숲고양이 가족이 있었다. 거창한 묘기를 부린 것도 아니고 깃털 장난감으로 놀기만 하는데도, 이 기발한 입양 프로젝트 덕분에 어린 고양이들은 입양 예약이 모두 끝났다. 새 집에선 부디 행복하기를, 버려지지 않기를.

아닌 것은 아닌 것

○

모든 사건이 일어나기 전에는 어떤 조짐이 있다. 갓 입사한 회사 컴퓨터에 전임자의 체불임금 내역 문서가 있다거나, 면접 자리에서 "윗사람이 부당한 지시를 하면 어떡할 거예요?" 같은 기이한 질문을 받았을 때처럼. 그게 다 위험 신호였는데 '내가 열심히 하면 괜찮겠지, 이번에는 아니겠지' 하고 넘겼다가 오래 마음고생을 해야 했다. 몇 번 연거푸 뒤통수를 맞은 다음에야 깨달았다. 일이든 사람이든 한번 아니다 싶은 건 나중에도 아니라는 걸.
만약 아니다 싶은 일이, 사람이, 감정이 발목을 잡는다면 뒷발로 확 걷어차 버려라. 사는 동안 내게 허락된 시간은 생각보다 길지 않고, 해야 할 일과 하고 싶은 일에 쓰는 것만으로도 부족하다.

검은 고양이의 매력

무채색을 좋아한다. 옷도 검은색이 제일 많고 그다음이 회색이다. 색 자체로도 좋지만 다른 색과 어우러져서 그 색을 돋보이게 하는 것도 좋았다. 적어도 내 눈에는 가장 조화로운 색이었다. 하지만 어렸을 때 누가 좋아하는 색을 물으면 대충 다른 색 이름을 댔다. 검은색을 좋아한다면 무조건 이상한 아이로 보는 시선이 싫었나 보다. 돌이켜보면 역사 속에서도 검은색은 대대로 음산한 색, 죽음의 색, 재수 없는 색이었다. 세상이 변했다지만 검은색에 대한 오랜 편견에 미신이 결합될 때, 검은 고양이가 겪을 수난은 충분히 짐작이 간다.

하지만 햇빛을 받아 빛나는 검은 고양이 털만큼 고혹적인 게 있을까. 가장 짙은 어둠이 가장 밝은 빛을 품을 수 있다는 것을 검은 고양이는 보여준다.

헌책방 고양이의 단칸방

오래된 사진 폴더를 정리하다가 자주 들르던 헌책방에서 찍은 고양이 사진을 발견했다. 아마 헌책방 폴더에 끼어 있다가 고양이 폴더로 옮겨놓지 않아 존재를 잊었던 모양이다. 2003년 여름, 헌책방을 찾아오던 고양이가 새끼를 낳았을 때 주인아저씨가 종이 상자로 방 한 칸을 만들어주었던 게 기억난다. 상자 속에는 습기 차지 말라고 신문지와 비닐도 겹겹이 깔아 주었다. 주인의 배려 덕분에 엄마 고양이는 책방 구석에서 안심하고 새끼를 키울 수 있었다. 새끼를 품에 안고 젖 먹이다 잠든 엄마 고양이의 얼굴은 평안해 보였다. 허름한 단칸방이지만 두 고양이에겐 이곳이 어떤 집보다 고마운 보금자리였다.

반려견 묘지

첫째 고양이 스밀라가 열 살을 넘긴 뒤로는 언젠가 찾아올 이별도 가끔 생각해보게 된다. 유럽 고양이 여행 중에 파리 반려견 묘지를 취재하게 된 것도 그래서였다. 이곳에는 개 말고도 고양이, 말, 새 등 다양한 동물이 묻혀 있다. 동물 이름, 생몰년과 함께 그 동물이 가장 귀여웠던 시절을 사진에 담은 비석들이 묘지를 빼곡하게 채웠다.

개인적으로는 수목장을 좋아하지만, 사람들이 왜 굳이 동물묘지를 만들고 비석을 세우는지도 알 것 같다. 사랑했던 동물이 세상에서 완전히 사라지는 걸 견딜 수 없어서, 비석 속 사진으로나마 곁에 두고 싶어서라는 걸. 가족이 매일 찾아오지 못하더라도 여기 묻힌 동물들은 외롭지 않을 것이다. 길고양이 친구들이 날마다 찾아와 안부를 묻고 가니까.

낮잠이 필요한 이유

동물묘지를 지키는 묘지기 고양이들은 근무 시간이 비교적 자유롭다. 하루 안에 할당된 구역을 순찰하고 나면 그날 업무는 끝나기 때문에, 비는 시간에 낮잠을 즐겨도 뭐라 할 사람이 없다. 인기척에 부스스 눈을 뜬 묘지기 고양이에게 대우를 물어보니 "사료 한 접시에 가끔 통조림을 말아주는 정도죠. 그래도 물가 비싼 이 동네에서 숙식 제공 일자리가 어디예요?" 하곤 다시 눈을 감는다.

묘지 위에서 잠든 길고양이는 사람들이 비석 속 사진에 있는 동물들을 한 번 더 들여다보게 유도하는 역할도 맡는다. 알고 보면 낮잠도 묘지기의 임무 중 하나인 셈이다. 고양이 묘지기란 느긋해 보여도 꽤 바쁜 직업이구나. 그래서 낮잠으로 체력을 충전할 시간이 필요했구나. 이제야 납득이 간다.

반전 근육의 매력

○

"헛 둘, 헛 둘." 호순 씨가 팔굽혀펴기를 하면서 구령을 붙이는 소리에 갈순 씨가 화들짝 놀라 뒤를 돌아본다. '아니, 저 녀석 언제 저렇게 근육을 키운 거야?'

쌍둥이처럼 똑 닮은 얼굴에 후덕한 몸매까지 비슷한 호순 씨와 갈순 씨는 늘 함께 붙어 다니곤 했다. 먹는 음식도 같고 살집이나 덩치도 비슷해서 급기야 둘 다 '뚠뚠고양이 클럽'의 자동 가입 회원이 되었는데, 실상은 그게 아니었던 모양이다. 두부 같은 뱃살이 출렁이는 갈순 씨와 달리 호순 씨는 남몰래 숨은 근육을 키우고 있었던 것이다. 영원한 뚠뚠이 동지일 줄만 알았더니, 혼자만 근육질 몸매로 변신한 호순 씨를 돌아보는 갈순 씨의 눈망울이 억울해 보인다.

착한 고양이는 이제 그만

'착한 사람 콤플렉스'란 게 있다. 곤란한 상황에서도 싫다거나 안 된다는 말을 잘 못하는 사람. 거절했을 때 껄끄러워질 관계가 불편하고, 혹시 상대방이 곤란해지면 어쩌나 승낙하게 되지만, 거절하지 못한 일은 고스란히 짐이 되고 혼자 그 짐을 치우다간 허리가 휜다.

착한 사람 콤플렉스에 시달리고 있다면 하품하는 고양이에게 대처법을 배워보자. 평소에는 늘 웃는 고양이의 ㅅ자 입을 하고 있어도 상관없지만, 거절해야 할 일이 생기면 고양이처럼 입을 크게 벌리고 확실하게 의사를 밝혀보자. 막상 그때가 되면 여전히 ㅅ자 입술을 할지도 모르겠지만, 생각하는 것만으로 기분이 한결 후련해진다.

마카오의 고양이 전망대

○

고양이를 찾아가는 여행을 하면서 '구글 신'이라 농담할 만큼 구글의 도움을 많이 받았다. 스트리트 뷰가 지원되는 장소는 눈으로나마 사전 답사를 했고, 현지에서는 구글 지도 덕에 그나마 덜 헤맸다. 하지만 지도 앱을 켜고도 방향을 못 잡아 헤매는 길치는 구글 신도 구원하기 힘들었는지, 하루는 마카오 뒷골목에서 길을 잃고 말았다.

그 와중에도 고양이는 왜 눈에 들어오는지, 낡은 아파트 2층 베란다에서 놀던 고양이와 눈이 딱 마주쳤다. 집주인은 베란다 화분 놓는 자리에 플라스틱 깔판을 깔아 고양이들이 바깥 구경을 할 수 있게 해 놓았다. 방묘창도 없는데 괜찮나 싶어 조마조마하게 보고 있자니, 고양이들은 '직접 만든 전망대가 다 그렇지, 뭐' 하는 심드렁한 얼굴로 누워 있었다. 애들아, 발아래 세상이 궁금하다고 뛰어내리지 말고 구경만 하렴.

금빛 문의 문지기

○

타이완 고양이 사이에 전해 내려오는 전설에 따르면, 단수이 광장 석탑에는 고양이만 아는 신비로운 문이 있다고 한다. 탑 기단부의 금빛 문으로 들어가면 가고 싶은 장소, 가고 싶은 시간으로 이동할 수 있지만, 통행료가 엄청나게 비싸서 웬만한 고양이는 들어갈 엄두를 내지 못한다고.
뭐 그런 황당한 전설이 있느냐며 웃어넘겼는데 비가 내려 한산해진 단수이 광장을 배회하다가 금빛 문을 발견하고 말았다. 문지기 고양이도, 통행료를 흥정하던 고양이도 나를 보더니 당황해서 어쩔 줄 모른다. 여긴 인간이 올 곳이 아니라고, 어서 가라고 눈을 부릅뜨는 문지기 기세에 밀려 돌아섰지만 못내 아쉽다. 나도 시간을 돌려 만나고 싶은 사람이 있는데, 만나면 꼭 해줄 말이 있는데 말이다.

사라진 고향

뜨내기처럼 여기저기 돌아다니며 길고양이를 찍은 적은 있어도, 2002년부터 한 지역의 고양이를 관찰하며 기록하게 된 건 종로의 화단 고양이 덕분이었다. 그 계기가 되어준 고양이는 오래전에 무지개다리를 건넜지만, 나중에라도 녀석이 살던 화단을 찾아가면 고향에 온 것처럼 마음이 편안했다.

그러던 어느 날 고양이 은신처 옆 상가에 큰 불이 났다. 은신처가 직접 피해를 입지는 않았지만, 이후로 화단 속에 갑자기 대형 시설물이 여러 개 들어섰다. 고양이가 놀던 회양목 숲도 없어졌다. 겁먹은 고양이들은 사람을 피해 더 깊은 곳으로 숨어든다. 은신처에서 나와 유유히 산책하던 모습도 더는 볼 수 없게 되었다. 이젠 사진에서만 볼 수 있는 고양이들을 떠올리며 사라진 마음의 고향을 아쉬워한다.

엄마의 합격 판정

여름철 고양이가 사는 동네를 찾아가면 자동차 밑을 유심히 본다. 길고양이들이 햇빛을 피해 사람 눈에 띄지 않는 그곳에서 주로 쉬기 때문이다.

엄마와 함께 더위를 피하던 새끼 고양이가 나를 보더니 화들짝 놀란다. 눈도 맞추지 못하고 시선을 피하면서 여차하면 달아날 태세로 반쯤 몸을 일으킨다. 하지만 경험 많은 엄마 고양이는 느긋하다. "호들갑 떨지 말고 좀 있어 봐. 나쁜 사람인지 아닌지 보게" 하며 나를 뚫어져라 본다.

엄마 고양이가 합격 판정을 내렸는지 가만히 눈을 감는다. 그걸 본 새끼 고양이도 안심했는지 다시 식빵 굽는 자세로 편히 앉는다. 엄마의 시험을 통과한 사람이라면 안전할 테니까.

건축하지 않는 건축가

길고양이를 집도 없이 길에 사는 불쌍한 동물로 여기는 사람도 있지만, 사실 길고양이는 집이 없는 게 아니다. 길 위의 어딘가가 집일 뿐이다. 사자가 들판에서 산다고 해서 불쌍한 게 아니듯, 길고양이도 길에서 사는 삶이 자연스러운 것은 마찬가지다.

길고양이는 건축하지 않는 건축가다. 집을 짓지 않는 대신 집이 될 만한 장소를 눈썰미 있게 발견해낸다. 사람 눈에 잘 띄지 않는 곳을 찾다 보니 일어서면 집 천장에 머리가 닿아 허리를 펴지 못할 정도로 좁고, 사방에서 바람이 숭숭 들어오는 경우가 대부분이다. 그래도 내 한 몸 누일 땅이 있고, 동네 최고의 전망이 있고, 마음 나눌 친구까지 함께 있으니 그걸로 족하다.

짐이거나 힘이거나

○

잠자리에 들려 하면 우리 집 고양이가 슬금슬금 침대로 온다. 옆을 비워주고 톡톡 두드리며 이름을 부르면 폴짝 뛰어올라 내 팔에 몸을 기대고 함께 잘 준비를 한다. 그렇게 함께 누워 있으면 팔을 통해 전해지는 체온이 마음까지 데워주는 것 같다. 엄마 곁에 자고 싶은 딸 마음, 딸의 행복을 지켜주고 싶은 엄마 마음이 이런 거구나. 사람 딸은 키워본 적 없으니 고양이 딸을 보며 짐작할 따름이다.

누군가에게 기대는 일이 짐을 지우는 게 아니라 힘이 되기도 한다는 것을 고양이는 가르쳐준다. 엄마 고양이도 그걸 알기에 "다 큰 놈이 뭐 하는 짓이냐"며 새끼를 밀어내는 대신 묵묵히 등을 빌려주는 것이리라.

투명 고양이

○

소나기가 내리자 길고양이들이 관광안내센터로 뛰어든다. 한 녀석은 체면 차린답시고 문간에 서 있는데, 다른 녀석은 제 집인 양 들어와 젖은 털을 말린다. 비를 피할 다른 곳도 많은데 굳이 여기를 피난처로 삼은 걸 보면 어지간히 여기가 편했던 모양이다. 그렇게 고양이가 가까이 있는 풍경이 허우퉁 사람들에겐 일상이어서, 관광안내센터 입구를 고양이들이 지키고 있는데도 무심히 지나쳤다. 둘은 나 같은 뜨내기 관광객 눈에만 보이는 투명 고양이 같았다.

고양이 마을은 그랬으면 좋겠다. 고양이를 보호한다며 거창한 명분을 세우지도 않고, 고양이가 있는 풍경을 천국인 양 과대포장하지도 말고, 고양이가 그들의 방식으로 살아가도록 가만히 두는 곳. 그런 곳이라면 어디든 고양이 마을로 부를 수 있을 것 같다.

생존자가 생존자에게

○

길고양이 사진에 마음이 움직이는 사람은 대개 두 가지 부류였다. 첫 번째는 원래부터 고양이를 좋아했던 사람. 내가 흥미를 느낀 건 두 번째 유형이다. 고양이에 대해 별 관심이 없었는데 사진 속 길고양이를 보니 왠지 자기 모습 같아서 울컥했다는 사람.

고양이와 아무 관계없이 살아온 그들이 왜 길고양이와 동질감을 느끼게 되었는지 생각하다가 한 단어가 떠올랐다. 아, 생존자였구나. 도태되지 않으려고, 살아남으려고 안간힘을 쓰는 생존자의 마음으로 하루하루 버티면서 길고양이에게 감정이입을 한 거였구나.

길고양이로 산다는 건 천대와 멸시를 받으면서도 꿋꿋하게 버텨나가는 일이다. 흙수저로 태어나 고군분투하며 하루를 사는 이들이 길고양이에 공감하는 건 그 때문이다. 결국 길고양이를 향한 응원은 자기 자신에게 보내는 응원인지도 모른다.

용두산공원의 산고양이

부산에 살던 시절 자주 들렀던 용두산공원에는 비둘기가 많았다. 꽃시계 앞에서 기념사진을 찍고 비둘기 모이를 사서 공원에 뿌려주고 돌아오던 기억이 선명하다. 어렸을 때는 날아다니는 비둘기가 좋았는데, 어른이 되어 다시 찾은 용두산공원에서는 길고양이만 눈에 밟혔다. 무심히 지나쳤던 공원 숲에도 눈길이 갔다. 산을 깎아 조성한 공원이라 나무들이 울창해서 몸을 숨길 구석도 많으니 산고양이 얼굴도 한결 편해 보였다.

어린 시절 내게 용두산공원이 비둘기 공원이었던 것처럼, 이곳을 찾는 아이들은 고양이 공원으로 기억했으면 좋겠다. 숲에서 산고양이들이 뛰어노는 풍경을 추억으로 간직한 아이들이 어른이 되면, 그 아이들이 만든 세상에서는 길고양이가 좀 더 나은 삶을 살 수 있지 않을까.

벚꽃 고양이

일본에서는 중성화 수술을 한 길고양이를 벚꽃 고양이(さくら猫)라 부른다. 보통 길고양이의 한쪽 귀 끝을 V자나 일자로 잘라 중성화를 했다고 표시하는데, 귀 끝을 자른 모양이 벚꽃을 닮아 벚꽃 고양이라 부른단다. 한국에서는 일자형 표식이 보편적이지만 일본에서는 V자형 표식을 주로 쓴다.

그런데 느닷없이 타이완의 민박집에서 벚꽃 고양이를 만나게 될 줄은 몰랐다. 길고양이 중성화에도 적극적이고 동네 길고양이들에게 밥도 주는 집이었는데, 두 녀석 중 한 녀석 귀 끝에 V자 표식이 있다. 벚꽃 모양 귀를 얻었으니 이 녀석 발아래엔 꽃길만 펼쳐지기를.

빵과 고양이의 시간

○

두 앞발 곱게 접어 가슴 아래로 밀어 넣는 식빵 자세야 워낙 유명하지만 저마다 다른 무늬가 있는 고양이를 식빵으로 뭉뚱그려 말하기엔 아쉽다. 그래서 식빵 굽는 고양이를 만날 때면 무늬마다 맛이 다른 빵을 상상해보곤 한다. 상수동에서 만난 젖소무늬 고양이는 초코 시럽 바른 딸기 크림빵이 떠오르는 얼굴이었다. 한 입 베어 물면 분홍색 딸기 크림이 들어 있을 것만 같다. 멀찌감치 뒤에 앉아 딴청 부리는 친구는 초코 크림 넣은 꼬불꼬불 소라빵.

빵을 좋아하고 고양이도 좋아하니까 언젠가 고양이 무늬를 테마로 한 빵집을 열면 좋겠다고 생각했다. 고양이를 좋아하는 손님이 오면 얼룩무늬랑 젖소무늬랑 치즈무늬 빵을 내놓아야지. 그렇게 모든 고양이의 무늬가 얼마나 매력적인지 수다 떨며 하루를 보내고 싶다.

눈오는 날

발목까지 차오르는 폭설이 내린 날, 은신처 고양이들이 걱정되어 눈을 치우러 갔다. 가보니 이미 고양이 기준으로 허리까지 올 만큼 눈이 쌓여 있었다. 눈삽을 꺼내 눈 치울 준비를 하는데 숨어 있던 고양이들이 어느새 나와서 나를 지켜본다. 밥 주러 온 할아버지인 줄 알고 달려 나왔다가 아닌 걸 알고 어떻게 할까 망설이는 모양이다.

그래도 배고픔이 무서움을 이기는 법이라서 "저 사람 가기 전에 밥 달라고 붙잡아야 돼" 하며 회색아줌마가 나선다. 노랑아줌마에게도 얼른 따라오라며 다그쳤지만 소심한 노랑아줌마는 눈밭에 엉덩이를 붙이고 요지부동이다. 소심한 성격으로 살아남기 힘든 건 길고양이 동네에서나 인간 세상에서나 마찬가지인 모양이다.

솔로몬의 반지는 필요 없어

내리다 말다 하던 가랑비가 굵어졌다. 비를 피해 정자로 뛰어갔지만 먼저 온 손님 둘이 정자 한가운데를 차지하고 앉아 그루밍을 하고 있었다. 달아날까 싶어 눈은 딴 곳을 보며 슬금슬금 다가갔더니, 흘끔 보고는 하던 일에 열중한다. 해코지할 생각 없으니 편하게 있어도 된다고 마음속으로 보낸 메시지를 받아준 것 같아 고마웠다.

낯선 동네에서 길고양이에게 밥 주는 캣맘을 만나 이야기하다 보면 "모르는 사람이 오면 피하는데 오늘은 안 도망가네요" 하며 신기해한다. 그건 고양이가 무엇에 놀라거나 두려워하는지 알고, 그 행동을 하지 않지 않기 때문이다. 모든 동물과 대화할 수 있게 해준다는 솔로몬의 반지가 없어도, 친구가 되려는 마음만 있다면 충분히 가능하다.

키스의 기술

○

인간 세계의 키스와는 같은 의미가 아니라 해도, 고양이 키스는 보는 사람의 마음을 설레게 한다. 한 쌍의 고양이가 천천히 다가와 서로 냄새를 맡으며 안부를 확인하고, 코끝을 톡 부딪치기까지의 과정을 지켜보노라면 마음도 간질간질해지는 것 같다. 시선만 주고받는 눈빛 키스, 입술을 맞대지 않고 숨결만 주고받는 킁킁 키스, 코끝을 부딪치는 에스키모식 키스, 속눈썹을 서로 스치는 나비 키스, 뺨을 비비며 체온을 느끼는 볼 키스까지 모든 기술이 고양이 키스 안에 녹아 있다. 고양이가 숨은 사랑꾼으로 불리는 이유가 달리 있는 게 아니다.

타이오 마을의 쌍둥이

홍콩 란터우 섬의 타이오 마을에 들렀을 때 중성화 수술을 받은 길고양이들이 제법 있어 놀랐다. 알고 보니 시장 한가운데 고양이 카페에서 일을 추진하고 있었다. 후원하는 의미로 고양이 그림을 한 점 샀더니 주인장이 답례로 고양이 산책 지도를 선물했다. 고양이가 자주 나타나는 장소를 귀여운 그림으로 그려서, 중국어를 몰라도 지도만 있으면 찾아갈 수 있게 만들어 놓았다.

노란 줄무늬가 똑같은 세쌍둥이 고양이도 이 지도 덕분에 만날 수 있었다. 동네 주민이 생선 부산물과 사료를 버무린 비빔밥을 집 앞에 내놓으니 셋이 머리를 맞대고 열심히 먹는다. 제일 작은 녀석이 남은 밥에 미련을 못 버리자, 두 형님이 얼른 오라며 채근한다. 돌아보는 자세마저 복사한 듯 똑같은 걸 보니 역시 피는 못 속이는 모양이다.

두목의 위엄

고양이를 찍으며 이동하다 보면 낮 시간이 늘 짧게 느껴진다. 점심때의 한 시간을 어떻게 쓰느냐에 따라 다른 곳을 한 군데 더 가보느냐 마느냐가 결정된다. 그래서 점심은 간단히 먹거나 건너뛰기 일쑤다.
하루는 닭고기 샌드위치로 점심을 해결하고 벤치에 앉아 쉬는데 길고양이가 슬그머니 나타났다. 녀석이 그릇에 한 점 남은 닭고기를 먹으려 머리를 들이미는 순간, 영역의 우두머리로 보이는 고양이가 "하악!" 하고 경고를 날렸다.
"이 닭고기 네가 다 먹었냐?"
"앗, 아니에요! 제가 왔을 때도 딱 한 점밖에 없었어요…."
두목의 호통에 겁먹고 귀를 납작 내린 고양이는 꼬리가 빠져라 달아난다. 의기양양해진 두목 고양이가 남은 닭고기를 날름 집어삼킨다.

해 줄 수 있는 일

○

새끼 고양이가 빨갛게 부은 눈으로 엄마를 찾는다. 결막염인지 허피스 탓인지 눈곱이 잔뜩 끼고 부어 감기 힘든 눈에서는 연신 눈물이 흘렀다. 집고양이라면 안약 몇 번 넣어주고 잘 먹이면 얼마 가지 않아 나을 수 있는 병이지만, 제 발로 동물병원에 찾아갈 방법이 없는 길고양이는 자연치유가 되기만 기다릴 뿐이다.
새끼는 엄마에게 제 얼굴을 부비며 "눈 아파요" 하고 하소연하듯 끼웅끼웅 울었다. 자꾸만 얼굴을 들이밀며 어떻게 좀 해달라는 듯 우는 새끼를 품에 안고서, 엄마 고양이는 하염없이 핥아주기만 했다. 내 자식이 아픈데 엄마라고 해줄 수 있는 일이 그것밖에 없어서, 그게 최선이라서.

숨바꼭질

어느 날 출근길에 화단을 흘깃 보니 검은 고양이가 있었다. 퇴근할 때도 그대로였다. '아픈가? 죽었나?' 긴장해서 자세히 봤더니 비닐봉투였다. 고양이 생각에 골몰하다 보면 엉뚱한 물건을 고양이로 착각하는 일이 생긴다. 그래서 주차장에서 숨바꼭질하던 고양이들을 만났을 때도 처음엔 비닐봉투인 줄 알았다. 이번엔 진짜 고양이다. 두 녀석 다 갈색 눈동자여서 잘 익은 밤톨이 굴러다니는 것 같다.

고양이 둘은 눈을 동그랗게 뜨고 우왕좌왕하더니 하나는 담장 밑으로 숨고, 다른 하나는 주차장 밖으로 달음박질친다. 어차피 술래는 한 명이니까 양쪽으로 흩어지기로 한 모양이다. 어린 고양이의 숨바꼭질은 평소에는 장난이지만 위급한 상황에선 생존 기술이 된다. 그래서 고양이들이 유독 숨바꼭질과 달음질을 즐기는 건지도 모르겠다.

신분증 좀 볼까요?

아침 산책을 나온 암컷 고양이와 수컷 고양이가 반갑게 볼을 부비며 인사를 나눈다. 고양이의 입 근처에는 냄새 분비선이 있어서, 다른 고양이를 만나면 서로 볼을 부비며 "이 냄새 기억하지? 나는 너의 동료야" 하고 확인시켜준다.

이걸 낭만적인 시각에서 '고양이 키스'라고만 설명하기에는 애매한데, 고양이는 동료뿐 아니라 자기 영역 내의 물건이나 기둥 따위에도 볼을 부비면서 체취를 묻혀 제 것이라는 표시를 해두기 때문이다. 고양이 입장에서는 냄새로 만든 신분증이기도 하고 소유권 표시이기도 한 셈이다. 그러니까 둘이 친하거나 사귀는 사이가 아니라면 저 행동은 이런 뜻이라는 말. "우리 신분증 좀 서로 볼까요?"

배불러서 주는 밥

몽마르트르 묘지에 들렀을 때 고양이 밥 주는 노인을 만났다. 그는 양 어깨에 사료를 담은 커다란 쇼핑백을 2개씩 둘러메고 있었다. 노인이 지나간 자리에는 안내문이 있었다. "묘지에서 동물에게 먹이를 주지 마시오." 한국에서나 파리에서나 길고양이 밥 주기는 이래저래 눈치 보이는 모양이다. 밥을 퍼 담은 노인이 다른 구역으로 간 사이, 멀리서 눈치 보던 길고양이가 다가와 밥을 먹기 시작했다. 늦게 온 친구는 가만히 서서 제 차례를 기다린다.

길고양이 밥을 줄 때 듣는 핀잔 중에 가장 흔한 게 "돈 많고 할 일 없으니 배가 불러 그런다"는 말이다. 하지만 그들은 배가 불러서가 아니라 내 배가 고파보았기 때문에 밥을 준다. 바닥까지 싹싹 비운 밥그릇을 보면 내가 먹지 않았어도 배가 부르다. 그들이 "배불러서 고양이 밥을 준다"는 소리를 들어 마땅한 경우는 이것밖엔 없다.

맞춤 쉼터

산이 시작되는 지점에는 고양이들이 햇볕을 받으며 놀고 있었다. 한 녀석은 평범한 자세로 땅 위에 앉아 있는데, 다른 한 녀석이 앉은 자리가 범상치 않았다. 비스듬한 암벽에 앉아 있으면서도 미끄러지지도 않고 몸을 찰싹 붙이고 있는 모습이 신기했다.

가까이 가 보니 누군가 사람 발 하나 디딜 만큼의 두께로 시멘트를 발라서 턱을 만들어 놓았다. 누가 무슨 목적으로 이 암벽을 오르려 했는지는 모르지만, 덕분에 고양이가 몸을 눕힐 자리가 생겼다. 색깔도 암벽과 비슷하고 턱 크기도 작아 눈에 잘 띄지 않는데도 매의 눈으로 그 자리를 찾아낸 게 놀랍다. 고양이를 위한 맞춤 쉼터인 셈이다.

나비잠과 고양이잠

길고양이는 자면서도 반쯤 앉고 반쯤 웅크린 자세로 있을 때가 많다. 언제 누가 공격할지 모르니 자면서도 도망갈 준비를 하는 셈이다. 잘 때조차 편히 쉬지 못하는구나 싶어 그런 모습을 볼 때마다 마음이 편치 않았다.

하지만 안전한 은신처에 있을 때면 길고양이도 편한 자세로 단잠을 잔다. 아이가 나비 날개처럼 팔다리를 활짝 벌리고 편안하게 잠든 모습을 나비잠이라 하는데, 고양이가 네 다리 뻗고 편안하게 누운 모습도 나비잠에 견줄 만큼 편안해 보인다. 나비잠이란 단어가 이미 있으니, 저 모습은 고양이잠이라 불러주어도 좋겠다.

망보는 고양이

우리 집의 첫 컴퓨터는 대우 아이큐2000이었다. 부모님은 교육용 컴퓨터라는 광고에 혹해 사주셨지만, 그 무렵 컴퓨터를 가진 아이들이 대부분 그랬듯 우리 집에서도 아이큐2000은 그냥 게임기였다. 그 꼴을 보다 못한 어머니는 게임 금지령을 내렸다. 결국 우리는 어머니가 외출한 틈에 한 명씩 망을 보면서 게임을 하기로 계획을 짰다. 완전범죄를 꿈꾸며 신 나게 놀고 있는데 갑자기 초인종이 울렸다. 어머니였다. 동생이 망을 보다가 한눈 판 사이에 어머니가 먼저 들어오신 모양이다.

그땐 꾸지람 듣느라 진땀 뺐지만, 서로 망봐주는 고양이를 만나면 그때가 생각나서 웃게 된다. 저 녀석들은 또 무슨 사고를 치려 저러고 있을까.

엄마의 때수건

○

어렸을 때 어머니를 따라 목욕탕에 가면 이해 못할 일이 많았다. 왜 어른들은 '어, 시원하다' 하면서 뜨거운 물에 들어가 있을까. 아파 죽겠는데 왜 때수건으로 맨살을 문지르면서 또 시원하다 그럴까. 어린아이 눈에 비친 목욕탕은 돈 내고 고통 받으러 가는 이상한 곳이었다.

고양이 동네에도 목욕의 괴로움은 있다. 엄마 고양이가 입 안에 숨긴 까슬까슬한 때수건을 꺼내면, 새끼 고양이는 벌써 눈치 채고 앞발로 엄마를 밀어내며 발버둥을 친다. 그럴수록 엄마는 "아유, 가만 좀 있어 봐" 하듯 새끼를 야무지게 끌어안고 때를 벗긴다.

밀당의 기술

길고양이를 찍을 때도 심리전이 필요하다. 다가가기는 하지만 고양이가 겁먹지 않게 천천히 움직이고, 고양이가 나를 신경 쓰지 않을 때까지 앉아 기다리는 인내심도 필요하다. 보통 시간과 거리를 조절하는 건 내 쪽이지만, 밀고 당길 틈도 없이 고양이 쪽에서 먼저 거리를 훅 좁히며 다가오는 경우도 있다.

이 녀석도 갑자기 속도를 내 성큼성큼 걸어오더니 얼굴을 들이미는 바람에, 하마터면 카메라 렌즈와 박치기를 할 뻔했다. 귀엽긴 하지만 이렇게 겁 없이 사람을 좋아해서 어쩌나. 아무래도 저만치 뒤에 서서 상황을 살피는 고동이 형님에게 밀당의 기술을 좀 배워야겠다.

엄마 눈이 큰 이유

파이프를 타고 오르내리며 혼자 놀다가 심심해져서 엄마에게 물었습니다.
"엄마 눈은 왜 그렇게 커요?"
"우리 딸 누가 해코지하나 잘 보려고 그러지."
"엄마 털옷은 왜 그렇게 부드러워요?"
"너를 꼭 안아줄 때 포근하라고 그런 거란다."
"근데 털옷 속에 날카로운 발톱은 왜 숨겨놨어요?"
"나쁜 사람이 달려들면 널 지켜줘야 하니까."
그렇구나, 엄마는 날 참 많이 사랑하시는구나. 기분이 좋아졌어요.

길고양이 난로

날이 추워질수록 몸은 동그래진다. 칼바람을 견디기 위해 겨울 털을 촘촘하게 찌우고, 부족한 지방을 끌어 모아 몸에 비축하면서 방한 코트로 삼는다. 겨울이 오면 길고양이가 유독 통통하게 보이는 이유다. 겨울철 길고양이의 겉모습만 보고 "얼마나 잘 먹어서 팔자 좋게 살이 쪘냐"고 빈정거린다면 그건 사정을 모르고 하는 얘기다.

하지만 아무리 준비한들 단벌 코트만으로 추위를 견디긴 힘든 법이다. 그래서 한파가 몰아치는 날이면 길고양이는 더욱더 동그래질 채비를 한다. 온기를 쉽게 빼앗기지 않도록 식빵 자세로 몸을 웅크리고, 동료와 몸을 맞대어 서로에게 난로가 되어준다. 겨울이 깊어진 날 고양이 친구들이 사는 골목을 찾아가면, 동그란 고양이 난로들이 곳곳에 놓인 풍경을 볼 수 있다. 그 모습이 애달파서 겨울이 빨리 지나갔으면 싶다.

주연보다 조연

길고양이를 찍다 보면 원래 찍던 고양이 말고도 다른 고양이가 슬며시 끼어든다. 지나가다 우연히 찍힌 녀석, 이쪽에서 뭔가 재미있는 일이 벌어지는 것 같아 참견하러 오는 녀석, "간식 배달 왔구나!" 하며 달려오는 녀석까지. 나중에 사진을 살펴보다가 그런 고양이를 찾아내면 '얘는 또 언제 여기 들어와 있었대?' 생각하며 웃는다.

지붕에서 어슬렁거리는 작은 고양이는 애교가 많아 귀염이라 부르던 녀석이었다. 멀리서도 사람과 눈이 마주치면 지붕을 타고 달려오곤 했는데, 이 날도 끼어들 틈을 노리다 함께 찍혔다. 사진에서는 정작 적은 지분을 차지하지만, 불쑥 튀어나오는 조연들의 활약 덕분에 또 다른 뒷이야기를 상상하게 된다.

호떡 고양이

화단에서 뭔가 굉장한 걸 본 것 같았다. 가만히 보니 노릇노릇하게 구운 초대형 호떡이다. 아, 말로만 듣던 호떡 고양이구나. 호떡 고양이의 후덕한 뱃살을 한번 보게 되면 자기도 모르게 마음이 넉넉해진다는데 정말 그랬다.

고양이가 통통하게 살이 찌다가 어느 선을 넘으면 뱃살이 옆으로 퍼져버려서 거대 호떡이 된다는 이야기를 들은 적이 있다. 저 자세가 나름대로는 식빵 굽는 자세일 텐데 아무리 해도 호떡 모양밖에 만들어지지 않아 곤란한 눈치다. 몸이 무거워서 걷는 것도 힘에 부치는지, 호떡 고양이는 앉은 자리에서 꼼짝도 않고 젖소무늬 고양이를 불러다가 잔심부름을 시키고 있다.

가
장
귀
여
운
각
도

○

무심히 듣고 넘기는 114 상담원의 목소리에도 편안하게 느껴지는 적정 음계가 있다고 한다. 예전에는 '솔' 음계에 맞춰 톤이 높은 목소리를 냈지만, 너무 인위적인 목소리로 들린다는 지적이 나오자 2010년부터는 두 단계 낮춘 '미' 음계에 맞췄다고.

상대방을 편안하게 만드는 목소리 음계가 있듯이, 갸웃하며 귀여움을 표현하는 고양이의 얼굴 각도에도 규칙이 있다. 고개를 너무 조금만 기울이면 갸웃한 건지 삐딱하게 서 있는 건지 애매하고, 반대로 고개를 너무 많이 기울여도 "당신 오늘 좀 이상하네요…" 같은 부정적인 느낌이다. 그래서 고양이 예절 교육원에서는 '귀여운 갸웃거림'의 적정 각도를 15도로 정하고, 이 기준에 맞춰 어린 고양이들을 가르치고 있다. 고양이를 좋아하는 사람의 눈에는 어떤 각도로 갸웃거려도 귀엽게 보이겠지만.

반가울 땐 박치기

좋아하는 상대를 만나면 박치기부터 먼저 하는 경우가 있다. 싸우자고 시비를 거는 건 아니고 반갑다는 뜻에서다. 멀리서 노랑아줌마를 발견한 카오스 대장의 아들 노랑이가 달려온다. 그 기세로 박치기를 쿵 하더니 "잘 지내셨어요?" 한다. 친엄마는 아니지만 자기와 무늬가 똑같아서인지, 아니면 엄마의 절친한 친구여서인지 노랑아줌마를 이모처럼 졸졸 따르곤 했다.

"애고, 반갑긴 한데 뭘 이렇게까지…."

요란한 인사에 노랑아줌마가 휘청거리며 한쪽 눈을 찌푸린다. 주먹만 하던 꼬마가 언제 이렇게 자랐는지, 노랑이가 온몸으로 던진 인사에 머리가 띵했나 보다.

걸어야 산다

눈 내린 날은 길고양이에겐 괴로운 날이다. 눈이 내렸다가 바로 녹으면 그나마 다행이지만, 밤새 쌓인 눈이 발목 위로 차오른 날은 눈밭을 헤치고 먹이를 구하러 나갈 일이 막막하다. 눈 온 다음날 길고양이를 만나러 나가면, 젖은 발이 시려 한쪽 발을 들고 있다가 내려놓고 다시 반대쪽 발을 번갈아 들며 언 발을 녹이는 녀석도 있다.

그래도 춥다고 가만히 앉아만 있을 수는 없으니 그날 먹을 식량을 구하러 나선다. 칼바람에 몸이 얼어도, 차가운 눈에 맨발이 시려도 걸어야 산다. 걷는 만큼 허기를 채울 확률도 높아지니까.

지각생의 설움

마츠야마 시의 도고 공원에는 저녁마다 길고양이에게 밥을 챙겨주는 할머니가 있다. 식당은 공원 중턱에 있는 정자였고, 벤치가 공원 고양이의 식탁이었다. 정신없이 머리를 맞대고 밥 먹던 고양이도 하나둘 돌아가고 파장 무렵, 한 녀석이 뒤늦게 정자 밖에서 기웃거린다. 그날따라 멀리까지 영역 순찰을 갔다가 밥 때가 지난 걸 알고 허겁지겁 달려온 모양이다.

그러나 올지 말지 모를 고양이를 마냥 기다릴 수 없는 일. 남은 밥을 다 나눠 줘버린 할머니도, 모른 척 친구 몫까지 먹어치우고 돌아가던 고양이들도 곤란해진 얼굴로 서로 눈치만 본다.

형이 있어서

○

엄마가 "이젠 너희들끼리 살아" 하고 떠난 건 오래전이었다. 다 컸으니까 스스로 먹고사는 법을 배워야 한다고 했다. 처음엔 엄마 없는 밤이 무서웠다. 하지만 이젠 괜찮다. 추운 날 이불이 되어주고 무서울 때 곁을 지켜주는 형이 있어서.
"내가 앞쪽을 지키고 있을게. 넌 뒤에서 누가 오나 잘 봐."
엄마가 지켜주지 않으니까 서로 망 볼 구역을 정하고 논다. 하지만 봄볕에 따끈따끈 달궈진 바위가 돌침대처럼 편해서 자꾸 눈이 감겼다. 누가 오면 얼른 도망가려고 눕지 않고 앉아만 있는데도 그랬다. '자면 안 되는데…' 하고 걱정하면서도 스르르 잠이 들었다. 형을 믿으니까, 잠든 사이에도 지켜줄 테니까.

사랑할 땐 고양이처럼

개처럼 열렬하게 애정을 표현하지 않는다고 고양이를 '정 없는 동물'로 단정하는 사람도 있지만, 고양이의 사랑은 은근한 게 맞이다. 무심한 듯해도 속내는 다정하게, 거리를 두면서도 너무 멀리 떨어지지는 않게. 고양이가 가족이나 동료를 대할 때의 태도가 그렇다.

앞장서서 성큼성큼 걷다가도 한 번씩 뒤를 돌아보며 동행이 잘 따라오고 있는지 살핀다. 조심스러운 눈길 속에는 상대를 향한 배려와 애정이 고스란히 드러난다. 그러다 거리가 좁혀지면 서로 이마나 꼬리를 툭 스치는 걸로 마음을 표현한다. 좋으면 물고 빠는 강아지에 비하면 싱겁기까지 한 애정 표현이지만, 그렇게 담백한 사랑도 있는 법이다.

촬영 장소

고양이의 위로_스웨덴 래트빅, 2010
아름답고 위험한 숲_부산 동백섬, 2014
등을 빌려줄 사람_서울 통의동, 2011
부르면 오는 고양이_전북 군산, 2011
발은 닮았네_서울 서교동, 2016
꼬리야, 육아를 부탁해_스웨덴 래트빅, 2010
지붕 애호가_서울 통의동, 2011
떴다 비행귀_서울 삼성동, 2010
파리의 방묘창_프랑스 파리, 2010
해와 달_서울 통의동, 2012
너에게 눈멀다_서울 종로2가, 2011
싸움의 기술_서울 반포4동, 2005
봄 마중_서울 혜화동, 2015
시골 고양이의 하루_스웨덴 래트빅, 2010
어른의 시간_스웨덴 래트빅, 2010
쓰레기 집에 숨은 보물_부산 우2동, 2011
의리의 치즈냥_서울 홍제동, 2010

=(・ㅅ・)=_서울 종로2가, 2009
재활용 예술가의 고양이_제주 애월읍, 2015
놓치지 않을 거예요_스웨덴 래트빅, 2010
하늘을 보는 이유_서울 통의동, 2013
고양이 마을의 선물_타이완 신베이, 2014
음양 고양이_일본 도쿄, 2008
엽서 사라냥_타이완 신베이, 2012
길고양이의 비상 통로_부산 영선동, 2012
바람 불어 슬픈 날_일본 아오시마 섬, 2015
사는 날까진 살자고_서울 길음동, 2015
위태로운 호의_서울 통의동, 2011
신의 선물_일본 도쿄, 2015
푸른 눈동자_부산 문현동, 2011
철거촌의 고양이 모자_서울 길음동, 2015
길고양이의 수호천사_타이완 신베이, 2012
같이 놀자, 형님아_스웨덴 래트빅, 2010
트램폴린의 또 다른 용도_서울 통의동, 2011

기쁠 때만 보이는 꽃_스웨덴 래트빅, 2010
천국의 그늘_일본 도쿄, 2016
길막냥 대처법_타이완 신베이, 2014
엄마 팔베개_일본 나가사키, 2014
길고양이 우물가_서울 통의동, 2011
차이나타운의 식빵 장인_인천 전동, 2011
두더지 게임_서울 종로2가, 2008
어떤 결정적 순간_서울 통의동, 2011
거대한 캣타워_스웨덴 래트빅, 2010
웃는 고양이_타이완 신베이, 2012
그냥 재미로_서울 혜화동, 2015
메롱이 아니랍니다_프랑스 파리, 2010
노부부에게 배운다_서울 안국동, 2005
떡 진 머리 고양이_서울 홍제동, 2012
다묘종 사회_프랑스 파리, 2010
명당자리 쟁탈전_서울 통의동, 2011
고양이 섬의 결투_일본 아이노시마 섬, 2014

미러링 효과_서울 종로2가, 2011
고양이 고무고무설_제주 김녕읍, 2016
길고양이 뷔페식당_서울 홍제동, 2011
공원의 단골손님_일본 나고야, 2012
동안의 비결_서울 종로2가, 2011
세상에 이런 맛이_타이완 신베이, 2012
스칸센의 유기묘 입양 프로젝트
_스웨덴 스톡홀름, 2010
아닌 것은 아닌 것_타이완 신베이, 2014
검은 고양이의 매력_경남 남해, 2012
헌책방 고양이의 단칸방_서울 한강로동, 2003
반려견 묘지_프랑스 파리, 2010
낮잠이 필요한 이유_프랑스 파리, 2010
반전 근육의 매력_서울 통의동, 2011
착한 고양이는 이제 그만_서울 종로2가, 2010
마카오의 고양이 전망대_마카오, 2015
금빛 문의 문지기_타이완 신베이, 2012

사라진 고향_서울 종로2가, 2005
엄마의 합격 판정_서울 홍제동, 2010
건축하지 않는 건축가_부산 문현동, 2011
짐이거나 힘이거나_서울 홍제동, 2009
투명 고양이_타이완 신베이, 2012
생존자가 생존자에게_서울 길음동, 2015
용두산공원의 산고양이_부산 광복동2가, 2011
벚꽃 고양이_타이완 신베이, 2012
빵과 고양이의 시간_서울 상수동, 2010
눈 오는 날_서울 종로2가, 2010
솔로몬의 반지는 필요 없어_제주 김녕읍, 2016
키스의 기술_서울 통의동, 2012
타이오 마을의 쌍둥이_홍콩 란터우 섬, 2015
두목의 위엄_프랑스 파리, 2010
해줄 수 있는 일_부산 광복동2가, 2012
숨바꼭질_타이완 신베이, 2012
신분증 좀 볼까요?_경남 여수, 2012

배불러서 주는 밥_프랑스 파리, 2010
맞춤 쉼터_서울 혜화동, 2015
나비잠과 고양이잠_서울 종로2가, 2008
망보는 고양이_서울 통의동, 2011
엄마의 때수건_스웨덴 스톡홀름, 2010
밀당의 기술_서울 종로2가, 2010
엄마 눈이 큰 이유_타이완 신베이, 2012
길고양이 난로_서울 종로2가, 2009
주연보다 조연_서울 홍제동, 2012
호떡 고양이_부산 광복동2가, 2012
가장 귀여운 각도_스웨덴 래트빅, 2010
반가울 땐 박치기_서울 종로2가, 2012
걸어야 산다_서울 종로2가, 2010
지각생의 설움_일본 마츠야마, 2015
형이 있어서_서울 삼성동, 2010
사랑할 땐 고양이처럼_서울 통의동, 2011

감사의 글

이 책은 텀블벅 크라우드펀딩에 참여해주신 126분의 응원에 힘입어 만들었습니다. 마음을 모아주신 여러 분들께 진심으로 감사드립니다.

가을하늘이(권희영), 강민정, 강주호, 건강한여우, 고옴, 권영애, 그래서, 그루비, 김단비(Sweet_B), 김도완, 김상연, 김세희, 김준수, 김진희, 김쿤a, 김효진, 김달콩, 꽃피는고양이, 꿈날, 나영, 냥프레드, 노성숙, 노피디, 두근두근Lovely, 두부소녀, 딜러, 똑똑이, 라비라, 라온, 로크멜린, 마롱즈, 마르, 문상수, 미란후라이, 민경, 민트, 민트여우, 박민정, 박정선, 박초아, 백억달러, 벅벅이, 변신로봇, 보리, 비비린내, 사랑을주세요, 서리, 서아영, 서진엄니, 성선화, 슈나, 스밀라, 신승열, 아메리카노, 아이마르10, 아침별, 안정화, 야채곰, 여니슈, 연, 오봉이와옥자, 옥이, 유슬기, 유지영, 은솔, 은혜정아, 음, 이보름, 이수희, 이유진, 이은미, 인디캣, 임지영, 조민지, 죽어라뿅, 쭈러비더비, 차주연, 최슬기, 최은우, 카미나리, 코코베니, 텔레토비, 타라, 티나, 프라나, 한윤곰, 한은경, 혜경, 호수, 황수영, 흥칫핏, ada****, akdma****, Alex Kim, Bomi Seok, book****, chees****, D50, dell****, gimme****, ioli****, jammal****, Jin Young Jeon, kjun****, Lucete, Luna Park, lym****, M034, med****, MiJeong Choi, nea****, oicatto, Paranoia, qwer1234, Rahula, rlaxora****, roskfl, Sekyeong Kim, Shinyoung Kim, shub, sonb****, THK, unknownbook, Yeongah Jeong, yonyon32, Yoon Jeong Choi (한글·영문 닉네임 순)

둘이면서 하나인 : 행복한 커플 고양이들

ⓒ 고경원, 2017

초판 1쇄 인쇄 2017년 3월 24일
초판 1쇄 발행 2017년 3월 31일
지은이 | 고경원
펴낸이 | 김영훈
디자인 | 최선영
펴낸곳 | 안나푸르나
출판신고 | 2012년 5월 12일
주소 | 서울시 마포구 동교동 200-15 한솔빌딩 101호
전화 | 02-3144-4872 팩스 | 0504-849-5150
전자우편 | idealism@naver.com
ISBN 979-11-86559-17-8 (03810)

- 저자와의 협의로 인지는 붙이지 않습니다.
- 이 책은 저작권법에 따라 보호받는 저작물이므로 무단 전재와 복제를 금하며,
  이 책의 내용 전부 또는 일부를 이용하려면 반드시 저작권자와 안나푸르나의 서면 동의를 받아야 합니다.
- 유통 중에 파손된 책은 구입하신 서점에서 바꾸어 드리며, 책값은 뒤표지에 있습니다.

이 도서의 국립중앙도서관 출판도서목록(CIP)은 서지정보유통지원시스템
홈페이지(http://seoji.nl.go.kr)와 국가 자료공동목록시스템(http://www.nl.go.kr/kolisner)에서
이용하실 수 있습니다. (CIP제어번호 : 2017007512)